IMAGINA QUE... ...YA SABES DE ECONOMÍA

Florencio Revesado Herrero
Raquel Rodríguez Rodríguez

Para nuestros queridos hijos Ana, Lucía y Diego.

Os dedicamos este libro con todo nuestro amor y gratitud. Sin vosotros este proyecto no habría sido posible. Nos habéis apoyado, ayudado y corregido con paciencia y cariño. Este libro es el resultado de nuestra pasión por la economía y nuestra ilusión de compartirla con vosotros. Esperamos que disfrutéis leyendo estas historias y que os divirtáis aprendiendo sobre esta ciencia tan interesante.

Os queremos mucho,

Papá y mamá

INTRODUCCIÓN

Este libro nació de una idea que tuvimos hace unos años, cuando nos dimos cuenta que no todos los chicos tienen obligatoriamente formación económica. El año pasado nuestras hijas nos dijeron que no iban a escoger economía y nos pareció que era una pena que se perdieran la oportunidad de aprender una ciencia tan interesante y útil para entender el mundo y tomar decisiones. Por eso, decidimos escribir unas historias de economía, con el objetivo de despertar su curiosidad y mostrarles que la economía no es algo aburrido ni difícil, sino todo lo contrario. Es divertida, creativa y está llena de sorpresas.

Este libro está dirigido a todos los niños y adolescentes que quieran aprender economía de una forma amena y sencilla. En cada capítulo encontrarán una historia que ilustra algún concepto o principio económico, como la escasez, la oferta y la demanda, el coste de oportunidad, el mercado, la inflación, el PIB, etc.

Nuestro deseo es que este libro os ayude a descubrir la economía como una ciencia fascinante y a aplicarla en vuestra vida cotidiana.

Esperamos que disfrutéis leyendo estas historias tanto como nosotros escribiéndolas.

"La economía es como un juego: hay que conocer las reglas, tener una estrategia y divertirse".

ANÓNIMO

1. ECONOMÍA. LA CIENCIA ÚTIL.

1.1. ¿QUÉ ES LA ECONOMÍA?

Imagina que eres el dueño de un pequeño negocio de venta de juguetes. Cada semana, recibes un suministro limitado de ellos y tienes que decidir cuánto cobrar por cada uno, aquí es donde entra en juego la economía.

La **economía** es el estudio de cómo, las personas, empresas y gobiernos toman decisiones sobre cómo usar los recursos limitados, el tiempo, el dinero y los materiales para producir y distribuir bienes y servicios.

En tu negocio, tienes un recurso limitado, la cantidad de juguetes que puedes vender cada semana, quieres ganar dinero, pero también asegurarte de que tus clientes estén dispuestos a pagar el precio que cobras. Si el precio es elevado, es posible que no vendas todos tus juguetes, en cambio si el precio es bajo, podías vender todos, pero no ganarás tanto dinero o incluso podrías llegar a tener pérdidas.

Entonces, ¿cómo decides cuánto cobrar por cada juguete? Aquí es donde entra en juego la **oferta** y la **demanda**. Si hay muchos clientes que quieren comprar tus juguetes, la demanda es alta.

Si tienes mucho género para vender, la oferta es alta.

Si la demanda es alta y la oferta es baja, puedes cobrar más por cada juguete porque los clientes estarán dispuestos a pagar más para obtenerlos.

Si la demanda es baja y la oferta es alta, es posible que debas bajar los precios para atraer más clientes.

En resumen, la **economía** es el estudio de cómo las personas, empresas y gobiernos toman decisiones sobre la forma de usar los recursos limitados para producir y distribuir bienes y servicios. En tu negocio de juguetes, debes usar los principios de oferta y demanda para decidir cuánto cobrar por cada juguete y asegurarte de que tanto tus clientes como tú estéis satisfechos.

1.2. LA ESCASEZ.

Imagina que vives en una isla desierta con tus amigos, y cada uno tiene un trabajo diferente para sobrevivir. Uno de tus amigos es pescador, otro es cazador y tú eres recolector de frutas y vegetales.

Un día, el pescador y el cazador tuvieron mucha suerte y capturaron muchos peces y animales para comer, pero a la hora de la cena, se dieron cuenta que no había suficientes frutas y vegetales para acompañar la comida. Ahí es cuando se dieron cuenta del significado de escasez económica.

La **escasez** ocurre cuando hay una demanda insatisfecha de un bien o servicio que no se puede producir en cantidades suficientes para satisfacer esa demanda. En este caso, la demanda era de frutas y vegetales y habá porque no había suficientes para todos.

Entonces, ¿qué decisión tomásteis ante esta situación? Racionar las frutas y vegetales y dividirlas equitativamente entre los tres para asegurarse que todos tuvieran algo que comer. Otra decisión fue trabajar juntos para plantar más frutas y vegetales y así evitar que la escasez se repita en el futuro.

En resumen, hay **escasez** cuando hay una demanda insatisfecha de un bien o servicio que no se puede producir en cantidades suficientes para satisfacerla. En la isla desierta, la escasez de frutas y vegetales os enseñó la importancia del trabajo en equipo para solucionar un problema y aseguraros de que todos tuvierais lo que necesitabais para sobrevivir.

1.3. EL COSTE DE OPORTUNIDAD.

Imagina que eres un superhéroe con poderes increíbles y tienes que salvar al mundo de un malvado villano que ha secuestrado a tu mejor amigo.

Tienes dos opciones, ir a rescatar a tu amigo o salvar al mundo de un meteorito que se dirige a la Tierra. Si decides rescatar a tu amigo, el coste de oportunidad es que no salvarías al mundo del meteorito, pero si decides salvar al mundo del meteorito, el coste de oportunidad será que no podrás rescatar a tu amigo.

Entonces, ¿qué decisión tomarías? Si decides rescatar a tu amigo, perderás la oportunidad de salvar al mundo, pero salvarías a alguien que es importante para ti, por el contrario si decides salvar al mundo, salvarás a miles de personas, pero tendrás que sacrificar la vida de tu amigo.

Como superhéroe, tienes que tomar decisiones difíciles todo el tiempo, y cada elección tiene un **coste de oportunidad**. Pero al final del día, debes elegir lo que crees que es lo mejor para ti y para el mundo. ¡Buena suerte, superhéroe!

1.4. LOS COSTES IRRECUPERABLES.

Imagina que eres un joven emprendedor que ha decidido abrir una tienda de helados en la playa. Después de invertir una gran cantidad de dinero en la compra de una caseta, un congelador, una batidora y una gran cantidad de ingredientes para hacer helados, tu tienda finalmente abre sus puertas.

Todo va bien al principio, pero pronto te das cuenta que los turistas que visitan la playa prefieren los cócteles de frutas en lugar de los helados. A pesar de que tratas de ofrecer diferentes sabores y promociones, tus ventas siguen siendo bajas y no puedes cubrir tus costes.

En este momento, tienes dos opciones, cerrar la tienda y aceptar tu pérdida, o seguir intentando durante el resto de la temporada de verano. Si decides cerrar la tienda, los costes irrecuperables serían el dinero que ya has invertido en la caseta, el congelador, la batidora y los ingredientes. Ya has gastado ese dinero y no puedes recuperarlo.

Si decides seguir intentándolo durante el resto de la temporada de verano, tendrás que cubrir los costes adicionales de la renta del espacio de la tienda, la compra de más ingredientes y del marketing para tratar de atraer a más clientes. Aunque esto puede parecer una opción cara, aún tienes la esperanza de recuperar tus gastos iniciales y obtener beneficios.

En resumen, los **costes irrecuperables** son aquellos gastos que ya se han hecho y que no se pueden recuperar, incluso si se toma la decisión de cerrar el negocio o abandonar el proyecto. Como emprendedor, es importante ser consciente de ellos y tenerlos en cuenta al tomar decisiones comerciales importantes.

1.5. EL ANÁLISIS MARGINAL.

Había una vez un niño llamado Diego que quería ganar dinero para comprar un coche teledirigido que había visto en el escaparate de la juguetería. Para ello, decidió hacer limonada y venderla en la calle.

Compró los limones y el azúcar, y después de preparar la limonada, decidió venderla por 1 € cada vaso. Al principio, las ventas fueron lentas, pero después de un tiempo, empezaron a aumentar. Diego estaba muy emocionado, ¡porque estaba ganando mucho dinero!

Sin embargo, un día, se dio cuenta que estaba gastando demasiado dinero en limones y azúcar para hacer la limonada, y que no estaba obteniendo todo el beneficio que esperaba y pensó que necesitaba hacer algo para mejorar su negocio.

Tuvo una idea, hacer un **análisis marginal** para entender mejor su situación. Analizó cuánto costaba cada vaso de limonada y cuánto ganaba con cada venta. Descubrió que, aunque vendía cada vaso por 1,00 € en realidad solo estaba ganando 0,50 € después de restar los costes de los ingredientes.

Después de pensarlo mucho, decidió aumentar el precio de cada vaso a 2 €. Sabía que esto podría alejar a algunos clientes, pero también sabía que podía hacer más dinero si vendía cada vaso por un precio mayor.

Y funcionó. Algunos clientes se quejaron del aumento del precio, pero descubrió que las ventas no disminuyeron tanto como pensaba. Ahora, estaba ganando 1,50 € por cada vaso que vendía, ¡lo que significa que estaba ganando más dinero en general! y que vendiendo la tercera parte obtenía el mismo beneficio.

Diego aprendió que el **análisis marginal** era una forma de entender cómo pequeños cambios en su negocio podían tener un gran impacto en sus beneficios.

1.6. LOS INCENTIVOS.

Imagina que un niño, llamado Juan Pablo, odiaba ir a la escuela.

Siempre se quejaba de tener que despertarse temprano y pasar horas sentado en el aula. Pero un día, la maestra de Juan Pablo, doña Lola, decidió poner en práctica el poder de los incentivos para motivar a sus estudiantes.

Creó un sistema de recompensas para aquellos que hicieran un buen trabajo en clase. Si un estudiante contestaba correctamente una pregunta difícil, recibiría un punto en su tarjeta de recompensas, si terminaban todas sus tareas a tiempo, recibirían otro punto y si ayudaban a un compañero de clase, recibirían un tercer punto.

Al final del mes, doña Lola anunció que aquellos que habían acumulado al menos 10 puntos en su tarjeta de recompensas tendrían una gran sorpresa: ¡un viaje al parque de atracciones!

Juan Pablo, que normalmente no ponía mucho esfuerzo en sus tareas escolares, comenzó a trabajar más duro en clase. Empezó a participar en las discusiones y a prestar atención a las explicaciones. Quería ganar puntos en su tarjeta de recompensas para poder ir al parque de atracciones con sus amigos.

Finalmente, llegó el día en que doña Lola anunció los ganadores. Para sorpresa de Juan Pablo, ¡había ganado 12 puntos en su tarjeta! Se sentía muy emocionado por haber conseguido el viaje gracias a su esfuerzo.

Desde ese día, Juan Pablo se dio cuenta del poder de los incentivos. Ahora entendía que, si hacía algo bien, podía recibir una recompensa por ello. Comenzó a aplicar esta mentalidad a otras áreas de su vida, como ayudar en casa o practicar su deporte favorito.

En resumen, los **incentivos** son recompensas que nos motivan a hacer algo. Pueden ser premios, como el viaje al parque de atracciones, o castigos por no hacer algo bien. Al comprender cómo nos afectan, podemos ser más conscientes de nuestras acciones y tomar decisiones más adecuadas.

1.7. EL MODELO ECONÓMICO.

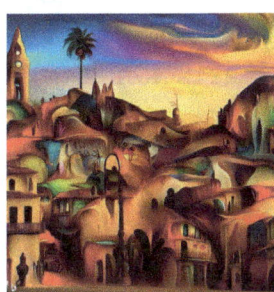 Había una vez un pequeño pueblo llamado Econoville, donde las personas se dedicaban a diferentes actividades económicas. Algunos eran agricultores, otros comerciantes, y otros trabajaban en fábricas.

Un día, llegó a la localidad un joven llamado Diego, que era economista y quería ayudar a la gente del pueblo a mejorar su calidad de vida. Para lograrlo, decidió crear un modelo económico que representara las diferentes actividades económicas que se realizaban en el pueblo.

Para hacer el modelo, utilizó un papel y lápices de colores. Dibujó un pequeño mapa del pueblo y colocó diferentes símbolos para representar las distintas actividades económicas. Por ejemplo, dibujó un tractor para representar a los agricultores, una tienda para representar a los comerciantes, y una fábrica para representar a los trabajadores de las fábricas.

Después, empezó a dibujar líneas entre los distintos símbolos, para mostrar cómo se relacionaban entre sí. Trazó una línea entre los agricultores y las fábricas, para representar que los agricultores vendían sus productos a las fábricas y los transformaran en otros.

Cuando terminó de dibujar el modelo, se dio cuenta de que había simplificado mucho la realidad del pueblo, pero eso no era malo, al contrario, así pudo entender mejor cómo se relacionaban las diferentes actividades económicas y pudo hacer predicciones sobre lo qué pasaría si un agricultor aumentaba su producción o si una fábrica cerraba.

El modelo económico que creó Diego fue muy útil para los habitantes de Econoville, ya que les permitió entender mejor cómo funcionaba su economía. Con esta herramienta, pudieron tomar decisiones más racionales y mejorar su calidad de vida.

En resumen, un **modelo económico** es una representación simplificada de la realidad que ayuda a entender cómo funcionan las actividades económicas. Aunque es una simplificación, es útil para hacer predicciones y tomar mejores decisiones.

1.8. LA MICROECONOMÍA.

Orestes es un niño muy ahorrador que siempre trata de conseguir la mejor oferta en todo lo que compra. Un día, decide ir a la tienda de Chema, un pequeño empresario que vende juguetes hechos a mano. Orestes está buscando un juguete para regalarle a su hermano Juan Agustín por su cumpleaños y le gusta mucho el trabajo de Chema.

Cuando llega a la tienda, Chema le muestra varios juguetes y Orestes elige uno que le encanta. Chema le dice que el juguete cuesta 10 €, pero Orestes sabe que ha visto juguetes similares en otra tienda por 8 €. Él le explica que no puede pagar 10 €, pero que está dispuesto a pagar 8 €. Chema piensa en su coste de producción y en el beneficio que quiere obtener, por lo que le ofrece un descuento de 1 € para que lo compre a 9 €.

Orestes piensa en el coste de oportunidad de seguir buscando en otras tiendas y decide que es mejor aceptar la oferta de Chema ya que el tiempo que gastaría buscando un juguete más barato tendría un coste superior al ahorro de 1 €.

Esta interacción entre Orestes y Chema ilustra cómo

los consumidores y los productores interactúan en el mercado, y cómo los precios se determinan por la oferta y la demanda. También demuestra cómo los consumidores buscan maximizar su utilidad (en este caso, conseguir el mejor juguete por el precio más bajo) mientras que los productores buscan maximizar su beneficio (vender juguetes al precio más alto posible mientras cubren sus gastos de producción).

La **microeconomía** estudia las interacciones entre consumidores y productores, así como la forma en que el sector público (gobiernos, comunidades autónomas, ayuntamientos, etc.) puede intervenir para influir en el mercado y en la asignación de recursos. Es una rama de la economía que se centra en el comportamiento individual y cómo éste afecta la economía en su conjunto.

1.9. LA MACROECONOMÍA.

Había una vez un pequeño pueblo llamado Villa Economía. En este pueblo, había muchos negocios y familias que hacían intercambios entre sí. Un día, el alcalde del pueblo, llamado don Dinero, se dio cuenta que todos los negocios y las familias estaban conectados entre sí y que los intercambios que hacían afectaban al pueblo entero.

Por ejemplo, si una fábrica tenía que cerrar porque no podía pagar sus empleados, las familias que trabajaban allí, perderían sus trabajos y no tendrían dinero para comprar cosas en el pueblo. A su vez, las tiendas y negocios del pueblo perderían clientes y no podrían vender lo suficiente para mantenerse a flote.

Don Dinero se dio cuenta de que todo lo que sucedía en el pueblo estaba relacionado y planteó en el pleno del Ayuntamiento contratar a una experta en macroeconomía para que les ayudara a entender mejor su situación.

La experta era una mujer llamada Dra. Macro que les explicó que la **macroeconomía** estudia el comportamiento de la economía en su conjunto, y cómo las decisiones que toman los agentes económicos (como los negocios y las familias) pueden afectar al pueblo entero. Les enseñó que las decisiones que tomaban los negocios y las familias, como gastar o ahorrar dinero, podían afectar al empleo, la inflación y el crecimiento económico en el pueblo.

Gracias a la Dra. Macro, don Dinero y los habitantes de Villa Economía pudieron entender mejor cómo funcionaba la macroeconomía y así poder tomar mejores decisiones para mantener su pueblo próspero y en crecimiento.

1.10. ECONOMÍA POSITIVA Y NORMATIVA.

Diego es un niño muy curioso que siempre hace muchas preguntas sobre el mundo que le rodea. Un día, mientras estaba en clase de economía, su profesor, que se llamaba Ángel, pero nadie lo conocía por su nombre, como era muy alto, todos los alumnos del colegio lo llamaban de forma cariñosa "Señor Alto".

El Señor Alto le habló sobre la diferencia entre la economía positiva y la economía normativa.

Diego no entendía muy bien la diferencia, así que decidió preguntarle a su amiga Ana, esta le explicó que la economía positiva se enfoca en describir cómo funciona la economía en la realidad, mientras que la economía normativa se enfoca en cómo debería ser.

Para ilustrar la diferencia, Ana le contó la siguiente historia: Imagina que Diego y Ana están en un mercado y ven a un vendedor de manzanas que está vendiendo sus manzanas por 1€ cada una. Diego piensa que es un buen precio, pero Ana, que es demasiado caro.

Diego le pregunta porqué piensa eso y Ana le explica que

desde el punto de vista de la economía positiva, el precio de las manzanas depende de la oferta y la demanda. Si el vendedor está vendiendo muchas manzanas y hay poca oferta, el precio subiría. Si por el contrario, hay muchas manzanas y poca demanda, el precio bajará. Así que, desde el punto de vista de la economía positiva, el precio de 1 € parece justo.

Pero Ana también tiene una opinión sobre cual debe ser el precio de las manzanas, y esa opinión se basa en la economía normativa. Ella piensa que el precio tendría que ser más bajo para que pudieran comprarlas más personas y así mejorar la salud de la comunidad en general. En este caso, su opinión se basa más en valores y objetivos de bienestar social y no en la descripción del funcionamiento del mercado.

Así que, en resumen, la **economía positiva** describe cómo funciona la economía en la realidad, mientras que la **economía normativa** describe cómo debería ser la economía en base a valores y objetivos de bienestar social.

2. PRODUCCIÓN Y CRECIMIENTO.

2.1. LOS FACTORES DE PRODUCCIÓN.

Ana, Lucía y Diego eran tres hermanos que vivían en un pequeño pueblo. Un día, decidieron iniciar un negocio juntos: una pequeña tienda de ropa. Estaban muy emocionados con la idea, pero pronto se dieron cuenta de que necesitaban invertir en factores de producción para que su negocio fuera exitoso.

El primer factor de producción en el que invirtieron fue la **tierra**. Aunque su negocio no requería un terreno físico, necesitaban un lugar para vender sus productos, por lo que alquilaron un pequeño espacio en una zona comercial del pueblo.

El segundo fue el **trabajo**. Sabían que no podían manejar la tienda por sí solos y contrataron a un empleado a tiempo parcial para que les ayudara con las tareas como atender a los clientes, organizar la ropa, etc.

El tercer factor fue el **capital**. Para poder comprar la mercancía, necesitaban dinero, así que cada uno de ellos invirtió sus ahorros en el negocio, también solicitaron

22

un préstamo bancario para poder comprar una mayor cantidad de productos y ofrecer una mayor variedad a sus clientes.

Gracias a ello, los hermanos lograron tener una tienda exitosa que satisfacía las necesidades de la comunidad del pueblo.

En resumen, los **factores de producción** son esenciales para cualquier negocio, ya sea grande o pequeño. La **tierra**, el **trabajo** y el **capital** son los tres factores principales en los que es necesario invertir para poder lograr un negocio exitoso.

2.2. EL PAGO DE LOS FACTORES DE PRODUCCIÓN.

Imagina que Ana decide comenzar un pequeño negocio de venta de galletas caseras. Para producir las galletas, necesita tres factores de producción, la cocina de su casa, alguien que le ayude a cocinar y el dinero para comprar los ingredientes.

Por utilizar la cocina, paga un alquiler fijo mensual a sus padres. Contrata a su hermana que se llama Lucía y por su trabajo le paga un dinero, que se llama salario. Para comprar los ingredientes, necesita dinero y decide pedir un préstamo a su hermano, Diego, que se lo presta con una condición, le tiene que devolver el dinero en 3 meses y además pagarle intereses.

Cuando empezó a vender las galletas, generó ingresos que le permitieron pagar por los tres factores de producción (el alquiler de la cocina, el salario de Lucía y los intereses por el préstamo de Diego).

Así, Ana aprendió, que para producir algo y venderlo, se necesitan los factores de producción, que son la tierra, el trabajo y el capital, y que es necesario pagar por ellos la **renta**, el **salario** y los **intereses**.

2.3. LOS SECTORES ECONÓMICOS.

É rase una vez una localidad llamada Doñinos, donde los habitantes tenían diferentes ocupaciones. Algunos trabajaban en fábricas, otros en tiendas, otros en granjas y otros en oficinas.

La mayoría trabajaba en el **sector primario**, que incluye todas las actividades relacionadas con la agricultura, la pesca, la ganadería y la extracción de recursos naturales, en las granjas, el río o la montaña, produciendo alimentos y materias primas para otros negocios y empresas.

Pero también había muchas personas que trabajaban en el **sector secundario**, que incluye todas las actividades relacionadas con la transformación de los recursos naturales en productos manufacturados, fábricas, donde producían automóviles, electrodomésticos y juguetes, utilizando las materias primas que se obtienen del sector primario.

Por último, estaban los trabajadores del **sector terciario**, que incluye las actividades relacionadas con la prestación de servicios, tiendas, restaurantes, bancos, hospitales, escuelas y oficinas, ofreciendo servicios a la comunidad.

Un día, Lucía, una chica de la localidad, decidió investigar sobre los diferentes sectores económicos, para ello, entrevistó a varias personas de diferentes negocios y empresas. A un granjero, a un empleado de la fábrica de harina, a un vendedor de una tienda y a una enfermera del hospital.

Después de su investigación, aprendió que la economía se divide en tres sectores: el **primario**, el **secundario** y el **terciario**, también que todos son importantes y dependen de los demás, por ejemplo, el sector primario proporciona las materias primas para el sector secundario, mientras que el sector terciario presta servicios a ambos sectores y a la comunidad en general.

Y así, Lucía descubrió cómo funciona la economía de Doñinos y cómo los diferentes sectores económicos trabajan juntos para producir bienes y servicios que son necesarios para la comunidad.

2.4. LA DESLOCALIZACIÓN.

Había una vez una fábrica de juguetes en un pequeño pueblo llamado Villa Feliz. La fábrica había estado en el pueblo durante más de 50 años y había sido el principal empleador de la comunidad. Los niños del pueblo estaban muy contentos de tener una fábrica de juguetes tan cerca y los padres agradecidos por el trabajo que les proporcionaba.

Sin embargo, un día, la empresa anunció que iban a **deslocalizar** la producción a un país extranjero para reducir costes y aumentar las ganancias. Los trabajadores estaban consternados y preocupados por sus empleos y las autoridades locales por el impacto que tendría en su comunidad.

Los niños del pueblo no entendían por qué la fábrica tenía que irse, querían saber qué significaba la "deslocalización" y por qué era importante. Así que la maestra de la escuela, doña Soco, organizó una charla sobre el tema para los niños.

La charla fue muy interesante. Doña Soco explicó que la deslocalización de las empresas significa que las compañías trasladan sus operaciones a otros países para reducir costes de producción y aumentar sus beneficios, también que esto puede tener un impacto negativo en las comunidades locales al eliminar empleos y reducir la cantidad de dinero que circula en la economía local.

Los niños estaban muy preocupados por la fábrica de juguetes en su pueblo y querían hacer algo para ayudar a los trabajadores y mantener la fábrica en Villa Feliz. Entonces, organizaron una protesta pacífica frente a la fábrica, hicieron carteles y le pidieron a la gente que se uniera a su protesta.

La protesta llamó la atención de los medios de comunicación, y pronto la historia de los niños se extendió por todo el país.

Finalmente, la empresa se dio cuenta de la importancia de mantener la producción en Villa Feliz y decidió quedarse en la ciudad. La fábrica no solo continuó brindando empleo a los trabajadores, sino que también comenzó a expandir sus operaciones y contratar más trabajadores.

Los niños estaban muy contentos de que la fábrica se quedara en su pueblo y aprendieron que, aunque las empresas pueden buscar reducir costes al deslocalizar, también pueden tener un impacto negativo en las localidades y que la unión y la acción puede hacer que las empresas cambien de opinión.

2.5. LA FRONTERA DE POSIBILIDADES DE PRODUCCIÓN.

Elisa e Irene son dos hermanas a las que les encanta hacer pulseras y collares con cuentas de colores. Un día decidieron montar un puesto en el parque para vender sus creaciones y ganar algo de dinero. Pero se encontraron con un problema: solo tenían 100 cuentas de cada color (rojo, azul, verde y amarillo) y no sabían cuántas pulseras y collares podían hacer con ellas.

Elisa pensó que lo mejor era hacer solo pulseras, porque eran más fáciles y rápidas de fabricar. Para hacer una pulsera necesitaba 10 cuentas de un mismo color o 5 cuentas de dos colores diferentes, calculó que podía hacer 10 pulseras de cada color o 20 pulseras combinando dos colores. En total, podía hacer 40 u 80 pulseras según el tipo que eligiera.

Irene pensó que lo mejor era hacer sólo collares, porque eran más bonitos y caros. Para hacer un collar necesitaba

50 cuentas de un mismo color o 25 cuentas de dos colores diferentes, calculó que podía fabricar 2 collares de cada color o 4 collares combinando dos colores. En total, podía hacer 8 o 16 collares según el tipo que eligiera.

Pero Elisa e Irene se dieron cuenta que tenían otra opción, hacer una combinación de pulseras y collares. Por ejemplo, podían hacer 5 pulseras rojas y un collar rojo, usando las 100 cuentas rojas disponibles, o podían fabricar 10 pulseras verdes y amarillas y dos collares verdes y amarillos, usando las 100 cuentas verdes y las 100 cuentas amarillas disponibles, así podrían aprovechar mejor las cuentas y ofrecer más variedad a sus clientes.

Entonces Elisa tuvo una idea, dibujar en un papel todas las posibles combinaciones de pulseras y collares que podían hacer con las cuentas disponibles y podrer elegir la que más les gustara o la que más beneficio les reportara.

Elisa dibujó una curva en el papel que mostraba todas las posibles combinaciones eficientes de pulseras y collares que podían producir con sus recursos limitados (las cuentas). Esa curva se llama **frontera de posibilidades de producción (FPP)** y representa el máximo nivel de producción al que puede llegar una economía con los recursos disponibles.

Elisa explicó a Irene el significado de la curva:

- Si elegían un punto sobre la curva (por ejemplo, A), estarían produciendo la máxima cantidad posible de ambos productos con los recursos disponibles.
- Si elegían un punto dentro de la curva (por ejemplo, B), estarían desperdiciando recursos o siendo ineficientes en su producción.
- Si elegían un punto fuera de la curva (por ejemplo, C), estarían produciendo más allá de sus posibilidades

actuales, lo cual sería imposible sin aumentar los recursos o mejorar la tecnología.

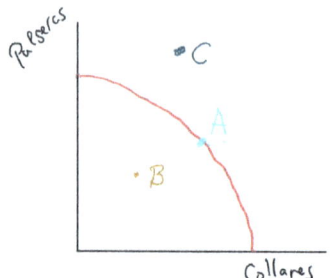

Irene entendió perfectamente lo que quería decir Elisa y le agradeció haber dibujado esa curva tan útil. Juntas decidieron qué combinación les convenía más según sus preferencias y expectativas.

Y así fue como Elisa e Irene aprendieron el significado de la frontera de posibilidades de producción jugando con sus cuentas.

2.6. EL CRECIMIENTO ECONÓMICO.

Imagina que existiera un reino llamado Piblandia, donde todo el mundo trabajaba muy duro para producir bienes y servicios. Había agricultores que cultivaban frutas y verduras, carpinteros que hacían muebles y juguetes, médicos que curaban a los enfermos, profesores que enseñaban a los niños y niñas, y muchos otros oficios y profesiones.

Un día, el rey Joaquín I de Piblandia tuvo curiosidad por saber cuánto valía todo lo que se producía en su país en un año y decidió enviar a sus mensajeros a recorrer todo el territorio y preguntar a cada persona cuánto había ganado por su trabajo. Los mensajeros anotaron todas las respuestas en unos pergaminos y se los llevaron al rey.

Joaquín I sumó todas las cantidades que le habían traído los mensajeros y obtuvo un número muy grande, 100.000 monedas de oro, ese número era el Producto Interior Bruto (PIB) de Piblandia.

El **PIB** es el valor de todos los bienes y servicios finales que se producen en un país en un año.

El rey se sintió muy orgulloso de su país y decidió celebrar una gran fiesta para compartir la buena noticia con su pueblo. Invitó a todos los habitantes al palacio real y les ofreció comida, bebida y música. Todos se divirtieron mucho y brindaron por el éxito de su país.

Pero al día siguiente, el rey recibió una carta de la reina Isabel V de Ricolandia, un país vecino. En la carta le decía que ella también había calculado el PIB de su país y que era de 200.000 monedas de oro. El doble que el de Piblandia.

Joaquín I se quedó sorprendido y triste a la vez al leer la carta. ¿Cómo podía ser que Ricolandia generara en un año tanto oro? ¿Qué hacían ellos mejor que Piblandia? ¿Qué podía hacer él para mejorar el PIB de su país?

Decidió enviar a sus sabios consejeros a investigar qué pasaba en Ricolandia. Estos viajaron durante varios días hasta llegar al país vecino y observaron cómo vivían sus habitantes.

Lo primero que observaron fue que Ricolandia tenía mucha más población que Piblandia, 10 millones de personas frente a 5 millones, eso significaba que había más gente trabajando y produciendo bienes y servicios.

Lo segundo que observaron fue que Ricolandia tenía más recursos naturales que Piblandia, más tierra fértil, más bosques, más ríos, más minerales... lo que le permitía tener más materias primas para fabricar productos.

Por último, se dieron cuenta que Ricolandia tenía más tecnología e innovación que Piblandia: máquinas más modernas, inventos más novedosos, mejores métodos de producción... lo que les hacía ser más eficientes y productivos.

Los consejeros volvieron al palacio real con toda la

información recopilada y se la contaron al rey. Le explicaron que el PIB depende de tres factores principales: la cantidad de **población activa** (las personas entre 16 y 65 años que trabajan o buscan trabajo), la cantidad de **capital** (los recursos naturales o artificiales usados para producir) y la **productividad** (la cantidad producida por cada unidad de trabajo o capital).

También le dieron dos opciones para aumentar el PIB : aumentar alguno o algunos de esos factores o mejorar la forma en la que se combinan para generar valor añadido (la diferencia entre el valor del producto final vendido y el valor del producto inicial comprado).

3. MERCADOS Y EMPRESA.

3.1. EFICIENCIA TÉCNICA.

Érase una vez un niño de 11 años llamado Diego al que le encantaba jugar a videojuegos en su consola. Un día, su padre le regaló un ordenador portátil nuevo y le dijo que también podía usarlo para jugar. Diego estaba muy contento y quiso probarlo enseguida.

Sin embargo, cuando instaló sus juegos favoritos, se llevó una decepción, iban muy lentos, se trababan y se veían mal, no entendía qué pasaba. ¿No se suponía que el ordenador era nuevo y mejor que la consola?

Diego le preguntó a su padre qué ocurría y él le explicó que el ordenador tenía un procesador antiguo y una tarjeta gráfica débil, le dijo que esos componentes eran los encargados de hacer funcionar los juegos y que si no eran lo suficientemente potentes, los juegos no iban bien.

- ¿Y eso qué significa? - preguntó Diego.
- Significa que esos componentes no son eficientes - respondió su padre.
- ¿Eficientes? - repitió Diego.
- Sí, eficientes. Eficiente es algo que hace bien su trabajo sin gastar mucha energía ni recursos. Por ejemplo,

una bombilla LED es más eficiente que una bombilla normal porque ilumina más con menos electricidad. O un coche eléctrico es más eficiente que uno de gasolina porque contamina menos y consume menos combustible.

. Ah, ya veo - dijo Diego.

. Pues lo mismo pasa con los componentes del ordenador. Un procesador o una tarjeta gráfica eficientes son capaces de ejecutar los juegos rápidamente sin calentarse mucho ni consumir mucha batería. Así los juegos se ven mejor y duran más tiempo.

. Entonces, ¿cómo puedo hacer para tener un ordenador más eficiente? - preguntó Diego.

. Bueno, hay dos opciones: o cambias los componentes por unos mejores o compras otro ordenador más moderno - dijo su padre.

Diego pensó un momento y decidió comprar otro ordenador más moderno, le pareció que sería más fácil y barato que cambiar los componentes, además, así podría regalarle el ordenador viejo a su hermana Lucía, que solo lo utilizaba para navegar por Internet y hacer trabajos.

Así fue como Diego aprendió el significado de **eficiencia tecnica**, cómo afectaba a sus videojuegos favoritos y además cómo hacer feliz a su hermana con un regalo inesperado.

3.2. LA EFICIENCIA ECONÓMICA.

 Imagina que tienes dos amigas que te invitan a sus casas a jugar. Una de ellas se llama Ana y la otra Lucía. Ana vive en una casa muy grande y lujosa, con muchos juguetes y videojuegos, pero también con muchas luces encendidas, aparatos eléctricos conectados y grifos abiertos, en cambio Lucía vive en una casa más pequeña y sencilla, pero también tiene juguetes y videojuegos, aunque menos que Ana. Sin embargo, Lucía tiene paneles solares en el techo de su casa, que le proporcionan la energía que necesita para sus aparatos., además, apaga las luces cuando no las usa, desconecta los enchufes cuando no necesita los aparatos y cierra los grifos cuando no necesita el agua.

Un día te enteras que Ana y Lucía tienen que pagar una factura por el uso de la energía y el agua en sus casas. ¿A quién crees que le saldrá más cara la factura? Seguramente a Ana, ¿verdad? Porque ha consumido más recursos que Lucía sin necesidad. Eso significa que Ana ha sido menos eficiente que Lucía. Y también significa que Ana ha gastado más dinero que Lucía por lo mismo.

Ahora imagina que tú eres el dueño de una fábrica donde se fabrican coches. Tienes dos opciones para elegir la tecnología con la que vas a hacer los coches: una opción es usar motores de gasolina o diésel, que son más baratos, pero también contaminan más y consumen más combustible; otra opción es usar motores eléctricos o híbridos, que son más caros pero también contaminan menos y consumen menos combustible. ¿Qué opción elegirías? Si quieres ser eficiente económicamente, tendrías que elegir la opción más barata de las tecnologías eficientes. Es decir, tendrías que comparar cuánto te cuesta comprar cada tipo de motor y cuánto te ahorras en combustible y en impuestos por contaminación con cada uno. Así podrías decidir cuál es la mejor opción para tu fábrica.

3.3. EL BENEFICIO.

Imagina que Ana quiere comprarse un videojuego nuevo, por lo que decide poner un puesto de limonada en la calle. Para hacer la limonada, necesita comprar limones, azúcar y agua. También necesita vasos de plástico y una jarra. Ana calculó que todo eso le costará 10 € Ese era su **coste total.**

Puso un cartel en el que decía que cada vaso de limonada valía 1 €. Ese era el precio que cobraba por cada unidad vendida (**Precio unitario**). El dinero que recibía por las ventas era su ingreso total.

Ana tuvo mucha suerte y vendió 20 vasos de limonada en una hora. Eso significa que su **ingreso total** fue de 20 € (20 vasos x 1 € cada uno). ¿Cómo podemos saber cuánto beneficio obtuvo Ana? Muy fácil: solo tenemos que restar el coste total al ingreso total. Es decir:

Beneficio = Ingreso total - Coste total

Beneficio = 20 € - 10 €

Beneficio = 10 €

Ana obtuvo un beneficio de 10 € con su negocio de limonada. Eso significa que ganó más dinero del que gastó y estaba muy contenta porque había conseguido su objetivo y podía comprarse el videojuego nuevo.

3.4. LOS COSTES DE PRODUCCIÓN.

Imagina que Diego quiere conseguir dinero para comprarse una bicicleta nueva, para ello pensó que sería una buena idea hacer galletas caseras y venderlas en el colegio. Para hacerlas necesitaba comprar harina, huevos, mantequilla y chocolate. También necesitaba utilizar el horno de su casa y pagar la electricidad que consumía. Diego calculó que cada vez que hacía una bandeja de 12 galletas le costaba 3,00 €. Ese era su **coste variable.**

También tenía que pagar una cuota al colegio para poder vender sus galletas en el recreo. La cuota era de 5 ,00 € al mes y no dependía de cuántas galletas vendiera. Ese era su **coste fijo**.

Puso un cartel en el que decía que cada galleta valía 0,50 €. Ese era el **precio** que cobraba por cada unidad vendida. Esperaba vender muchas y así recuperar el dinero que había gastado y tener algo más para ahorrar. El dinero que recibiría por las ventas era su **ingreso total**.

Diego tuvo mucho éxito y vendió todas las galletas que hizo en un mes. En total, hizo 10 bandejas de 12 galletas cada una. Eso significa que vendió 120 galletas (10 x 12) y su ingreso total fue de 60,00 € (120 x 0,50 €). ¿Cómo podemos saber cuánto le costó producir esas galletas? Muy fácil, solo tenemos que sumar el coste fijo y el coste variable. Es decir:

Coste total = Coste fijo + Coste variable

Coste total = 5,00 € + (3,00 € x 10 bandejas)

Coste total = 5,00 € + 30,00 €

Coste total = 35,00 €

Diego tuvo un coste total de 35,00 € con su negocio de galletas. Eso significa que gastó ese dinero para hacer y vender las galletas. Como su ingreso total fue de 60,00 €

Beneficio= Coste total - Ingreso total

Beneficio= 60,00 € - 35,00 €

Beneficio= 25,00 €

Estaba muy contento porque había conseguido obtener 25,00 € de beneficios que le ayudarán mucho a la hora de comprarse la bici nueva.

3.5. LOS INGRESOS.

Ana era una niña muy creativa a la que le gustaba hacer pulseras de colores con hilos y abalorios. Un día se le ocurrió que podía venderlas a sus amigos del colegio y así ganar algo de dinero para comprarse el libro que quería leer y que contaba una historia en la que ella era la protagonista (Imagina que... ...ya sabes de economía). Pensó que podía cobrar 1,00 € por cada pulsera que hiciera. Ese era el precio que ponía a su producto.

Se puso manos a la obra y empezó a hacer pulseras de diferentes diseños y colores. Cada vez que terminaba una la guardaba en una caja y le ponía una etiqueta con el precio. Ana tenía muchas ganas de venderlas para ver cuánto dinero podía ganar.

Al día siguiente, llevó su caja al colegio y las puso en una mesa en el patio. Muchos niños se acercaron a ver las pulseras de Ana y le dijeron que eran muy bonitas. Algunos le compraron una o dos y le pagaron con monedas o billetes. Estaba muy feliz porque veía cómo su caja se iba vaciando y su monedero se iba llenando.

Al final del recreo, Ana contó cuánto había vendido y cuánto dinero había ganado. En total, había vendido 15 pulseras (6 rojas, 5 azules, 4 verdes y 3 amarillas) y había obtenido 18,00 € (1,00 € por cada pulsera). ¿Cómo podemos saber cuánto dinero ha ingresado en total? Muy fácil: solo tenemos que multiplicar el precio por la cantidad vendida. Es decir:

Ingreso total = Precio x Cantidad

Ingreso total = 1,00 € x 18 pulseras

Ingreso total = 18,00 €

Ana tuvo un ingreso total de 18,00 € con su negocio de pulseras. Eso significa que recibió ese dinero por vender sus productos y como los materiales para fabricarlas le costaron 3,00 € obtuvo un beneficio de 15,00 € que por casualidad era el precio del libro que quería leer.

3.6. LA EMPRESA.

Lucía era una niña muy golosa a la que le encantaba cocinar pasteles con su abuela Ana Mari. Un día se le ocurrió que podía venderlos a sus vecinos y así ganar algo de dinero para ir al cine con sus amigos y pensó que podía cobrar 5,00 € por cada pastel que hiciera. Ese era el precio que ponía a su producto.

Lucía se puso manos a la obra y empezó a hacer pasteles de diferentes sabores y formas. Cada vez que terminaba uno lo envolvía en papel de aluminio y le ponía una etiqueta con el precio.

Al día siguiente, cogió su carrito de la compra y salió a la calle con sus pasteles. Muchos vecinos se acercaron a verlos, le dijeron que tenían muy buena pinta y la mayoría le compró alguno.

Al final del día, contó los pasteles que había vendido y el dinero que había ganado. En total, había vendido 10 pasteles (4 de chocolate, 3 de vainilla, 2 de fresa y 1 de limón) y había tenido un ingreso total de 50,00 € (5,00 € por cada pastel).

Ingreso total = Precio x Cantidad

Ingreso total = 5 € x 10 pasteles

Ingreso total = 50 €

También calculó cuánto le habían costado cocinarlos. En total, había gastado 15,00 € (10 euros en ingredientes, 5,00 € en luz y gas y 5,00 € para su abuela, pero como esta era muy generosa se los perdonó).

¿Cómo podemos saber cuánto dinero le ha quedado después de pagar todos esos gastos?

Beneficio= Ingreso total - Coste total

Beneficio = 50,00 € - 15,00 €

Beneficio = 35,00 €

Al final obtuvo un beneficio de 35,00 € con su negocio y estaba muy feliz porque había conseguido más dinero del que esperaba y podía ir al cine con sus amigos e incluso invitarlos a palomitas.

Lucía ha creado una **empresa**, que es una organización formada por personas (ella misma y su abuela) que ofrecen un producto (los pasteles) a unos clientes (los vecinos) a cambio de un precio (5,00 €) para obtener un beneficio (35,00 €).

Una empresa puede ser grande o pequeña, tener muchos o pocos trabajadores, vender muchos o pocos productos, tener muchos o pocos clientes... Pero todas buscan satisfacer las necesidades o deseos de las personas mediante la producción y el intercambio.

3.7.   EL MERCADO.

Imagina que tienes una colección de cromos de fútbol y quieres completarla, pero te faltan algunos y tienes otros repetidos.

¿Qué puedes hacer?

Puedes ir al mercado de cromos, que es un lugar donde otros niños como tú intercambian sus cromos por otros que les interesan más. Así, puedes ofrecer tus repetidos a cambio de los que te faltan, o puedes comprarlos si alguien los vende.

El mercado de cromos es un ejemplo de lo que se llama mercado en general.

Un **mercado** es cualquier lugar donde se intercambian bienes y servicios entre personas que los ofrecen y personas que los demandan. Los **bienes** son cosas materiales que se pueden tocar, como los cromos, las frutas o los juguetes. Los **servicios** son actividades que se hacen para satisfacer las necesidades o deseos de otras personas, como cortar el pelo, enseñar matemáticas o cuidar mascotas.

Hay muchas formas de intercambiar bienes y servicios. A veces se hace un **trueque**, que es cambiar una cosa por otra sin usar dinero. Por ejemplo, si tú tienes una bicicleta, tu amigo tiene un patinete y ambos queréis probar el otro vehículo, podéis hacer un trueque temporal o definitivo. Otras veces se usa el dinero como medio de pago para comprar o vender lo que se quiere. Por ejemplo, si quieres comprar un helado en la heladería, tienes que pagar el precio del helado.

El precio de los bienes y servicios depende de la oferta y la demanda.

La **oferta** es la cantidad de bienes o servicios que se ofrecen en el mercado a un determinado precio.

La **demanda** es la cantidad de bienes o servicios que se quieren comprar en el mercado a un determinado precio.

Cuando hay mucha oferta y poca demanda, el precio baja porque hay mucha competencia entre los oferentes y pocos compradores interesados. Cuando hay poca oferta y mucha demanda, el precio sube porque hay poca competencia entre los oferentes y muchos compradores dispuestos a pagar más.

El mercado funciona gracias a la libertad de elección de las personas que participan en él. Cada uno puede decidir qué ofrecer o qué demandar según sus preferencias, sus necesidades y sus recursos disponibles, pero necesita unas normas o reglas para garantizar el respeto mutuo entre los participantes y evitar abusos o fraudes.

3.8. EL FLUJO CIRCULAR DE LA RENTA.

Imagina que vives en una isla en la que hay dos tipos de actividades, pescar y construir cabañas.

Las personas que pescan se llaman pescadores y las que construyen cabañas se llaman constructores. Los pescadores venden los peces que capturan a los constructores y los constructores venden las cabañas que construyen a los pescadores. Así, cada uno obtiene lo que necesita para vivir.

El dinero que pagan los pescadores por las cabañas es la renta de los constructores y el dinero que pagan los constructores por los peces es la renta de los pescadores. El total de dinero que se mueve en la isla es el flujo circular de la renta.

Ahora imagina que hay un tercer tipo de actividad, gobernar. El gobierno se encarga de organizar la vida en la isla, de hacer leyes, de cuidar del medio ambiente, etc. Para hacer todo eso necesita dinero, así que cobra impuestos a los pescadores y a los constructores, pero también les ofrece servicios como educación, sanidad o seguridad. Así, el gobierno forma parte del flujo circular de la renta.

El **flujo circular de la renta** muestra cómo se relacionan las **familias** (pescadores y constructores) con las **empresas** (pesca y construcción) y con el **gobierno** (administración) en una economía. Es un modelo muy simplificado, pero ayuda a entender cómo fluye el dinero entre los distintos sectores.

4. LA EMPRESA.

4.1.   LA FORMA JURÍDICA.

Imagina que Diego quiere montar un puesto de limonada en el parque con sus amigos.

Para hacerlo, necesita comprar limones, azúcar, agua y vasos. Además va a poner un cartel para anunciar su producto y una mesa para ponerlo todo.

Para organizar el negocio tiene varias opciones :

La primera es hacerlo solo, sin ayuda de nadie. En ese caso, él pone todo el dinero para comprar los materiales y se queda con todos los beneficios que obtenga, pero también tiene que asumir todos los riesgos, si nadie compra su limonada o si alguien se enferma por beberla, él es el único responsable y tiene que pagar las consecuencias con su propio dinero o sus propiedades. Esta opción se llama **empresa individual o autónomo**.

Otra forma es hacerlo con sus amigos, repartiéndose el trabajo y los gastos. En ese caso ponen el dinero entre todos para comprar los materiales y se reparten los beneficios según lo que hayan acordado, pero también tienen que compartir los riesgos, si nadie compra su limonada o si alguien se enferma por beberla, ellos son responsables como grupo y tienen que asumir las consecuencias con el dinero o las propiedades que hayan aportado al negocio. Esta opción se llama **sociedad**.

Hay diferentes tipos de sociedades según como se organicen los socios y cómo respondan ante los problemas: pueden ser **sociedades limitadas, sociedades anónimas**, **sociedades colectivas**, etc.

Como ves, cada opción tiene sus ventajas y sus inconvenientes. La **forma jurídica** de una empresa es la manera en la que se elige una de estas opciones (o alguna otra) para crear un negocio legalmente. La forma jurídica afecta a cómo se paga a Hacienda (los impuestos), a cómo se lleva la contabilidad (los libros donde se apuntan los ingresos y los gastos), a cómo se afilia a la Seguridad Social (el sistema público de salud y pensiones) y a cómo se responde ante otras personas o empresas (la responsabilidad).

4.2. ELEMENTOS DE LA EMPRESA.

Imagina que Diego quiere celebrar una fiesta de cumpleaños en su casa con sus amigos. Para hacerlo, necesita comida, bebida, música, juegos, invitaciones y decoración. También tiene que preparar todo para que sea un éxito, para ello necesitaría lo siguiente:

El equipo humano. Son las personas que participan en la fiesta: Diego, sus amigos, sus padres, etc. Cada uno tiene un papel diferente, Diego es el anfitrión y el organizador principal; sus amigos son los invitados y colaboran con algunas ideas o tareas; sus padres le ayudan con la preparación y la supervisión; etc. El equipo humano es muy importante porque sin ellos no habría fiesta.

Los bienes de capital. Son las cosas que se necesitan para hacer la fiesta: la comida y la bebida, el equipo de música, los juegos, las invitaciones, la decoración, etc. Algunas las tiene Diego en su casa (como el equipo de música o algunos juegos), otras las tiene que comprar o alquilar (como la comida, la bebida o la decoración), y otras las puede hacer él mismo, o con ayuda de sus amigos (como las invitaciones).

La organización. Es la forma en que se planifica y se coordina todo lo que se va a hacer en la fiesta. Cuándo se va a celebrar, dónde se va a hacer, a quién se va a invitar, qué se va a comer y beber, qué música se va a poner, qué juegos se van a hacer, cómo se va a decorar el lugar, etc. Diego tiene que pensar en todos estos detalles y tomar decisiones al respecto y además que comunicarse con sus padres y sus amigos para informarles de sus decisiones y pedirles su opinión o su ayuda si es necesario.

El entorno. Son los factores externos que pueden influir en la fiesta. El clima (si llueve o hace sol), las normas (si hay hora límite o restricciones por el ruido), los imprevistos (si alguien se pone enfermo o hay algún problema técnico), etc. Diego no puede controlar estos factores, pero debe tenerlos en cuenta y adaptarse a ellos si es necesario. Por ejemplo, si llueve puede cambiar el lugar de la fiesta al interior de su casa; si hay hora límite puede avisar a sus amigos para que lleguen temprano; si alguien se pone enfermo puede llamar a sus padres para que le ayuden; etc.

Como ves, cada elemento tiene su función y su importancia en la fiesta de Diego. Los elementos de una empresa son parecidos pero aplicados al mundo de los negocios. Una empresa es como una gran fiesta donde participan muchas personas para ofrecer un producto o un servicio a otras.

4.3. FINANCIACIÓN EMPRESARIAL.

I magina que Diego quiere comprar una bicicleta nueva para ir al colegio y pasear con sus amigos. Para ello necesita dinero, pero no tiene ahorrado lo suficiente por lo que está valorando diferentes opciones para conseguir el dinero que le falta:

Puede usar sus **recursos internos** que son los ahorros que ha ido guardando de su paga semanal o de los regalos que le han hecho sus tíos, Carlos y Marisol. Esta opción es la más fácil y la más barata, porque no tiene que pedirle dinero a nadie ni después, pero tiene un inconveniente, no posee suficientes recursos internos para comprar la bicicleta que quiere.

Puede usar **recursos externos sin coste** que son los regalos o las donaciones que le pueden hacer otras personas sin esperar nada a cambio. Su abuela "Pupa" le puede regalar dinero por su cumpleaños o un vecino le puede donar una bicicleta vieja que ya no usa. Esta opción también es muy buena, porque no tiene que devolver el dinero ni pagar intereses.

También puede usar **recursos externos con coste** que son los préstamos o los créditos que le pueden conceder otras personas o entidades a cambio de devolver el dinero más unos intereses. Sus padres le podrían prestar dinero si se compromete a pagarlo poco a poco con su paga semanal o una tienda le puede vender la bicicleta a plazos, siempre y cuando firme un contrato y pague una cuota mensual con intereses. Esta opción es la más flexible, porque puede conseguir el dinero que necesita y comprar la bicicleta que quiere, pero también es la más cara y la más arriesgada ya que tiene que devolver el dinero más unos intereses y si no lo hace puede tener problemas legales o perder la bicicleta.

Como ves, cada opción tiene sus ventajas e inconvenientes. La **financiación empresarial** es parecida pero aplicada al mundo de los negocios. Una empresa es como un niño que quiere comprar una bicicleta y necesita dinero para hacerlo.

4.4. OBLIGACIONES DE LAS EMPRESAS.

Imagina que Diego tiene una mascota, un perro llamado Tom, lo quiere mucho y se divierte jugando con él, pero tener una mascota no solo es diversión, también implica unas obligaciones; hay que alimentarlo, sacarlo a pasear, llevarlo al veterinario, recoger sus excrementos, etc. Si Diego no cumple con estas obligaciones puede tener problemas, Tom puede enfermar o escaparse, los vecinos pueden quejarse del ruido o del olor, el ayuntamiento puede multarle por ensuciar la calle, etc.

Una empresa es como una mascota, hay que cuidarla y atenderla para que funcione bien y dé beneficios, pero también implica unas obligaciones, la empresa tiene que cumplir con la ley y con la sociedad. Estas obligaciones se pueden clasificar en dos tipos:

Obligaciones sociales. Son las responsabilidades que tiene la empresa con sus trabajadores y con el medio ambiente. Por ejemplo, la empresa tiene que respetar los derechos laborales de sus empleados (pagarles el salario justo, darles vacaciones y permisos, garantizar su seguridad y salud en el trabajo, etc.); la empresa también tiene que cuidar el entorno donde opera (no contaminar el aire o el agua, reciclar los residuos, usar energías renovables si es posible, etc.). Estas obligaciones son importantes porque si no se cumplen pueden afectar negativamente a la imagen y a la reputación de la empresa.

Obligaciones fiscales. Son los pagos de impuestos y cotizaciones que tiene que hacer la empresa al Estado. Por ejemplo, la empresa tiene que pagar el impuesto de sociedades (un porcentaje de sus beneficios) cada año; también tiene que las cotizaciones sociales (un porcentaje del salario de cada trabajador) cada mes. Estas obligaciones son importantes porque si no se cumplen pueden acarrear sanciones o multas.

Como ves, cada tipo de obligación tiene su función y su importancia. Las **obligaciones sociales** sirven para mejorar las relaciones de la empresa con sus trabajadores y con su entorno mientras que las **obligaciones fiscales** sirven para contribuir al bienestar común y al funcionamiento de los servicios públicos.

5. PLANIFICACIÓN FINANCIERA.

5.1. LA IMPORTANCIA DEL AHORRO (LAS MONEDAS DEL ABUELO)

Imagina que Diego quiere comprar un videojuego nuevo, pero no tiene suficiente dinero. Su abuelo "Nines" le propone un reto, le dará una moneda cada día durante un mes, pero con condiciones, no podrá gastar ninguna de ellas hasta el final del mes, tendrá que guardarlas en un lugar seguro y saber cuantas tiene en cada momento.

Diego acepta el reto y empieza a recibir las monedas de su abuelo. Al principio le parece fácil, pero pronto se da cuenta que hay muchas cosas que le gustaría comprar con ese dinero (caramelos, revistas, juguetes...). Cada vez le cuesta más resistir la tentación de gastar y empieza a pensar que su abuelo es muy tacaño.

Un día, mientras pasea por el parque con su hermana Ana, ve un puesto de helados y se muere de ganas de probar uno.

- Ana, ¿Tienes dinero?

- Sí, he estado ahorrando todo el mes para comprarme un libro.

- ¿Cómo lo has hecho?

- Cada vez que quería comprar algo, pensaba si realmente lo necesitaba o si podía esperar a tener más dinero, así fue como aprendí a valorar lo que tenía y a no malgastar.

Diego se queda pensativo y decide seguir el ejemplo de su hermana, se propone no gastar ninguna moneda hasta final de mes y guardarlas bien en su hucha, además, empieza a buscar formas de ganar más dinero), ayuda a sus padres con las tareas de la casa, vende algunas cosas que ya no usa, hace recados para los vecinos…). Al cabo de unas semanas, ya tenía suficientes monedas para comprar el videojuego que quería y aún le sobra dinero.

El último día del mes, Diego va corriendo a ver a su abuelo y le muestra orgulloso su hucha llena de monedas, este sonríe, le felicita por haber cumplido el reto y le dice:

- Estoy muy orgulloso de ti ya que has aprendido una gran lección, ¡el valor del ahorro!

Diego abraza a su abuelo "Nines" y le da las gracias por enseñarle algo tan importante, después sale corriendo a comprar su videojuego con sus propias monedas, pero antes de irse, deja una en la mesa para su abuelo. Es la forma de decirle que lo quiere mucho y que nunca olvidará lo que le ha enseñado.

5.2. EL PRESUPUESTO.

Imagina que Ana quiere comprar un regalo para su hermana Lucía, que cumple 14 años. Tiene ahorrados 20 €, pero no sabe qué le podrá comprar con ese dinero y decide hacer un presupuesto.

Un **presupuesto** es una lista de los ingresos y gastos que se espera tener en un periodo de tiempo. Los ingresos son el dinero que se recibe y los gastos el dinero que se gasta.

Ana pensó en sus **ingresos**, tenía 20 € ahorrados y podía ganar otros 10 € ayudando a su hermano Diego a ordenar la habitación. Así que sus ingresos totales serán 30 €

Después pensó en sus **gastos**, tiene que pagar el autobús para ir al centro comercial (2 €), comprar el regalo para Lucía (15 € como máximo) y quizá tomar un helado con ella (3 €). Así que sus gastos totales serán de 20 € como máximo.

Ana restó sus gastos de sus ingresos y obtuvo su saldo: 30 €- 20 € = 10 €. Ese es el dinero que le sobrará después de cumplir con su plan.

Ana está muy contenta porque ha hecho un buen presupuesto, podrá comprar el regalo para Lucía, tomar un helado con ella y aún le quedarán 10 € para ahorrar o ... para gastar en otra cosa.

5.3. PRIORIZAR GASTOS.

 Imagina que Diego quiere comprarse una consola de videojuegos nueva que cuesta 300 €. Tiene ahorrados 100 € y recibe una paga semanal de 10 €, por lo que pensó que si ahorraba toda su paga durante 20 semanas, podría comprar la consola, pero, ¡no había tenido en cuenta sus gastos!

Los **gastos** son el dinero que utiliza para comprar cosas necesarias o innecesarias y se pueden dividir en tres grupos:

Los **gastos fijos obligatorios** son los que se tienen que pagar cada mes o cada semana y no se pueden evitar. Por ejemplo, el alquiler de la casa, la luz, el agua, el teléfono o el transporte.

Los **gastos variables necesarios** son los que dependen del consumo y se pueden reducir o aumentar según las necesidades. Por ejemplo, la comida, la ropa, los libros o el ocio.

Los **gastos innecesarios** son los que no son imprescindibles y se pueden eliminar o aplazar sin problemas. Por ejemplo, las chucherías, los juguetes o las revistas.

Diego tenía los siguientes gastos:

- **Fijos obligatorios:** pagaba 2 € a la semana por el autobús para ir al colegio y otros 2 € por el comedor escolar. (4 € en gastos fijos obligatorios).

- **Variables necesarios:** compraba un bocadillo y una bebida para merendar después del colegio (1€ al día), se compraba un libro nuevo cada mes (10 € al mes) y salía al cine con sus amigos una vez al mes (5 € al mes). Total 7 € semanales en gastos variables necesarios.

- **Gastos innecesarios:** compraba chucherías casi todos los días (0.50 € al día), una revista de videojuegos cada semana (2 € a la semana) y un juguete nuevo cada dos semanas (5 € cada dos semanas). Así que cada semana gastaba unos 8 € en gastos innecesarios.

Después sumó todo y se dio cuenta de que gastaba más de lo que ingresaba: 4 + 7 + 8 = 19 € a la semana de gasto frente a 10 € semanales de ingresos. ¡Así nunca podría ahorrar para comprar la consola!

Entonces decidió priorizar sus gastos. Priorizar significa ordenar las cosas según su importancia o urgencia.

Diego pensó que lo más importante era pagar sus gastos fijos obligatorios: el autobús y el comedor escolar. No podía evitarlos porque eran necesarios para ir al colegio y comer.

También se dio cuenta que era importante reducir sus gastos variables necesarios, podría llevarse un bocadillo y una botella de agua de casa para merendar (ahorrando así unos 5 € a la semana), sacar los libros de la biblioteca (10 € al mes) y salir al cine con sus amigos, una vez cada dos meses (2,50 € al mes).

Por último, pensó que lo menos importante eran sus gastos innecesarios, las chucherías (ahorrando así unos

3,50 € semanales), las revistas de videojuegos podía leerlas en internet (2 €) y podía jugar con los juguetes que ya tenía (2,50 €).

Diego volvió a sumar todos sus gastos después de priorizarlos y se sorprendió del resultado. Ahora sólo gastaba unos 6 € semanales frente a los 19 € anteriores. ¡Así sí podía ahorrar para comprar la consola!.

Como le sobraban 4 € cada semana después de pagar todos sus gastos, calculó cuánto tiempo tardaría ahora en ahorrar los 200 € que le faltaban 200 / 4 = 50 semanas. Eso era mucho más tiempo que las 20 semanas que había pensado al principio.

Diego se propuso seguir con su plan de priorizar gastos hasta conseguir la videoconsola nueva.

5.4. LOS PLANES DE PENSIONES PRIVADOS.

Lucía tenía un sueño, quería viajar por el mundo cuando fuera mayor. Le encantaba ver documentales sobre otros países y culturas y se imaginaba visitándolos algún día. También sabía que era caro y que necesitaría ahorrar mucho dinero para poder hacerlo, por lo que que decidió empezar a hacerlo desde pequeña.

Tenía una hucha en forma de cerdito donde guardaba las monedas que le daban sus abuelos o sus tíos por su cumpleaños o por Navidad. Cada vez que la llenaba iba al banco y cambiaba las monedas por billetes que después guardaba en una caja fuerte que tenía debajo de su cama.

Lucía pensaba que así estaba ahorrando bien para su sueño, pero no se daba cuenta de que había un problema, el dinero perdía valor con el tiempo.

El dinero pierde valor con el tiempo porque los precios de las cosas suben cada año, a eso se llama **inflación**. Por ejemplo, si hoy un helado cuesta 1 €, quizás dentro de 10 años cueste 1,50 €. Eso significa que con el mismo dinero podrás comprar menos cosas en el futuro.

Lucía no sabía nada de inflación ni de cómo afectaba a su dinero, sólo veía que cada vez tenía más billetes en su caja fuerte y se sentía feliz.

Un día, fue al banco con su padre a cambiar otra hucha llena de monedas y vio un cartel que decía: "Contrata tu plan de pensiones y asegura tu futuro", como no entendía lo que significaba le preguntó a su padre qué era un plan de pensiones y él le explicó:

Un **plan de pensiones** es una forma de ahorrar dinero para cuando te jubiles. La jubilación es cuando ya no trabajas porque eres mayor y recibes una pensión del Estado. Una pensión es una cantidad fija de dinero que te paga el Estado cada mes por haber trabajado durante muchos años, pero la pensión del Estado puede no ser suficiente para mantener tu nivel de vida o para disfrutar de tu tiempo libre, por eso muchas personas contratan un plan de pensiones privado.

Un **plan de pensiones privado** es una cuenta bancaria especial donde vas metiendo dinero cada mes o cada año durante tu vida laboral. El banco lo invierte en diferentes productos financieros, como acciones, bonos o fondos, para hacerlo crecer más rápido.

Cuando te jubiles, puedes sacar todo el dinero acumulado en tu plan de pensiones o recibirlo poco a poco cada mes como un complemento a tu pensión del Estado, así puedes tener más ingresos cuando seas mayor y disfrutar más de tu tiempo libre.

Lucía entendió lo que le dijo su padre, le pareció muy interesante y le preguntó si ella podía contratar un plan de pensiones, pero su padre le dijo que era muy joven, ya que normalmente se hace a partir de los 25 o 30 años, cuando se empieza a trabajar y se tiene un sueldo fijo.

También le comentó que había otras formas de ahorrar para su sueño de viajar por el mundo como abrir una cuenta de ahorro infantil en el banco y depositar allí su dinero en lugar de guardarlo en la caja fuerte.

Una **cuenta de ahorro infantil** es una cuenta bancaria especial para niños y jóvenes donde se puede guardar dinero con seguridad y obtener un interés cada año. El **interés** es un porcentaje del dinero que te paga el banco por tenerlo guardado allí. Por ejemplo, si tienes 100 € en una cuenta con un interés del 2%, al cabo de un año tendrás 102 €.

Así tu dinero no pierde tanto valor con el tiempo, además, puedes sacarlo cuando quieras sin penalización ni comisión.

Una **penalización** es una cantidad que te quita el banco si sacas el dinero antes de tiempo.

Una **comisión** es una cantidad que te cobra el banco por hacer alguna operación.

Lucía le preguntó a su padre si sabía que interés le daría el banco por su cuenta de ahorro infantil y él le dijo que dependía del banco y del momento, pero que en este momento rondaba el 1%, ni corta ni perezosa hizo unos cálculos rápidos y vio que si metía sus 100 € en la cuenta con un interés del 1%, al cabo de 10 años tendría unos 111 €. Pero si los dejaba en la caja fuerte, seguirían siendo solo 100 €, se dio cuenta de que era mejor poner su dinero en la cuenta de ahorro infantil que en la caja fuerte. ¡Además podía sacar su dinero cuando quisiera!

5.5. LAS PENSIONES.

I magina que vives en un pueblo llamado Pensionia, donde todos los habitantes trabajan desde que cumplen 18 años hasta que cumplen 65 años. Cuando trabajan, reciben un sueldo cada mes, pero cuando dejan de trabajar, reciben una pensión por el trabajo que hicieron.

Una **pensión** es una cantidad fija de dinero que te paga el Estado cada mes por haber trabajado durante muchos años. El Estado es el conjunto de instituciones y personas que gobiernan y administran un país.

Pero ¿de dónde sale el dinero para pagar las pensiones? Sale de los impuestos. Los **impuestos** son una parte del dinero que se paga al Estado por comprar o vender cosas, por tener propiedades o por ganar dinero con el trabajo o con otras actividades.

En Pensionia hay dos tipos de impuestos: el impuesto sobre la renta y el impuesto sobre las pensiones. **El impuesto** sobre la renta es un porcentaje del sueldo que se paga al Estado cada mes. El **impuesto sobre las pensiones** es un porcentaje de la pensión que se paga al Estado cada mes.

El Estado usa el dinero recaudado con los impuestos para pagar las pensiones y otros servicios, como la sanidad, la educación o la seguridad.

En Pensionia hay tres grupos de habitantes: los jóvenes, los adultos y los mayores. Los jóvenes son los que tienen entre 0 y 17 años. Los adultos son los que tienen entre 18 y 64 años. Los mayores son los que tienen 65 años o más.

Los jóvenes ni trabajan, ni pagan impuestos, ni reciben pensiones, estudian y dependen económicamente de sus padres o tutores.

Los adultos trabajan y pagan el impuesto sobre la renta pero no reciben pensiones, generan riqueza para el pueblo con su trabajo y contribuyen al bienestar común con sus impuestos.

Los mayores no trabajan, pero reciben una pensión y pagan el impuesto sobre las pensiones, disfrutan de su tiempo libre después de haber trabajado durante muchos años y aportan su experiencia y sabiduría al pueblo con sus consejos.

En Pensionia hay un equilibrio entre los tres grupos: hay suficientes jóvenes para estudiar y prepararse para trabajar en el futuro; hay suficientes adultos para trabajar y generar ingresos para el pueblo y también mayores para recibir una pensión digna y vivir con tranquilidad.

Así funciona Pensionia, un pueblo donde todos colaboran para garantizar unas pensiones justas.

6. SALUD FINANCIERA.

6.1. CRITERIOS PARA CLASIFICAR LAS INVERSIONES.

 **U**n día, Ana, Lucía y Diego decidieron ahorrar parte de su dinero para comprar un regalo de cumpleaños a su abuelo "Pupo". Cada uno tenía 10 € y querían hacerlos crecer lo más posible en un mes. Así que buscaron diferentes opciones para invertir su dinero.

Ana encontró una página web que ofrecía un interés muy alto por prestar dinero a otras personas y pensó que era una buena idea porque podía ganar una cantidad elevada en poco tiempo, pero no se fijó, ni en las condiciones que se aplicaban, ni se dio cuenta del posible riesgo de impago, por lo que invirtió su dinero sin pensar ni en la seguridad, ni en la liquidez de su inversión.

Lucía vio un anuncio de una empresa que vendía acciones a muy bajo precio, le pareció que era una oportunidad única para comprar muchas y esperar a que subieran de valor, pero no sabía nada sobre la empresa, y menos sobre el mercado bursátil e invirtió su dinero sin pensar ni en la rentabilidad ni en la liquidez de la inversión.

Diego decidió ir al banco y abrir una cuenta de ahorro con su dinero, el director de la oficina, don Domingo, le explicó que le pagarían un interés moderado cada mes y que podría retirarlo cuando quisiera, además, le aseguró que su dinero estaría protegido por el fondo de garantía de depósitos. Al final decidió invertir en la cuenta de ahorro pensando en la seguridad, en la liquidez y en la rentabilidad de su inversión.

Al cabo de un mes, Ana, Lucía y Diego fueron al banco a ver que beneficio habían obtenido con sus inversiones.

Ana se llevó una gran decepción al descubrir que las personas a las que había prestado dinero no le habían devuelto ni un euro. ¡Había hecho una inversión muy arriesgada y poco líquida!

Lucía se llevó otra decepción al comprobar que las acciones que había comprado habían bajado mucho de precio. Su inversión había perdido más de la mitad de su valor y nadie quería comprar sus acciones. ¡Había hecho una inversión con una rentabilidad negativa pero líquida!

Diego se llevó una grata sorpresa al ver que su cuenta de ahorro le había generado unos intereses, su inversión había aumentado ligeramente su valor y podía disponer de su dinero cuando quisiera. Diego había hecho una inversión segura, líquida y rentable.

Ana, Lucía y Diego aprendieron una valiosa lección sobre las inversiones: hay que tener en cuenta los tres criterios básicos para calificarlas: la **seguridad** (el riesgo de perder el dinero), la **liquidez** (la facilidad para convertir el dinero en efectivo) y la **rentabilidad** (el beneficio que se obtiene por el dinero).

6.2.   RENTA FIJA.

iego era un niño muy curioso al que le gustaba aprender cosas nuevas. Un día, mientras paseaba por el parque con su padre, vio un cartel que anunciaba una exposición sobre el dinero y la economía, le llamó la atención y le pidió insistentemente ir a verla. -Claro, hijo -le dijo su padre-. Vamos a ver qué nos enseñan.

Padre e hijo entraron en el museo y se dirigieron a la sala de la exposición, allí había varios paneles con información y fotos sobre la historia del dinero, los tipos de monedas y billetes, los bancos centrales, los mercados financieros y los productos de inversión. Diego se quedó fascinado con todo lo que veía y leía, le parecía muy interesante el funcionamiento del dinero y cómo se podía usar para ahorrar e invertir, mientras tanto, su padre le iba explicando algunas cosas que no entendía y le animaba a hacer preguntas.

Uno de los paneles que más le llamó la atención fue el de las letras del tesoro, Diego leyó que eran unos títulos de deuda que emitía el Estado para financiarse, al comprarlos, prestabas dinero al Estado y él te lo devolvía al cabo de un tiempo y así podías ahorrar e invertir de forma segura.

- Papá, le dijo Diego. ¿Qué son las letras del tesoro?

- Son unos productos financieros que te permiten prestar tu dinero al Estado, le respondió su padre.

-¿Y por qué querría prestar mi dinero al Estado?, preguntó Diego.

-Porque así puedes obtener una rentabilidad, explicó su padre, el Estado te paga unos intereses por el préstamo que le haces.

-¿Y cómo sé cuánto me va a pagar?, insistió Diego.

-Pues depende del plazo y del precio al que las compres , dijo su padre. Las letras del tesoro tienen una duración máxima de 12 meses, cuanto más largo sea el plazo, mayor será el interés que te pagará el Estado y cuanto más bajo sea el precio al que las compres, mayor será la rentabilidad que obtendrás cuando las vendas o cuando venzan.

-No entiendo eso del precio -dijo Diego frunciendo el ceño.

-Te lo voy a explicar con un ejemplo -dijo su padre sonriendo-. Imagina que compras una letra del tesoro de 1.000 € con un plazo de 12 meses y un interés del 1%. Eso significa que en ese momento el Estado te pagará 10 € de interés, es lo que se llama cupón o rendimiento efectivo y dentro de 12 meses te devolverá los 1000 € que le prestaste: es lo que se llama nominal.

Diego asintió con la cabeza mientras intentaba entender lo que le decía su padre, aunque le parecía un poco complicado eso de comprar y vender letras del tesoro según el precio y el plazo.

6.3. VALORES DE RENTA VARIABLE.

Diego era un niño muy aficionado a los videojuegos. Le gustaba jugar con sus amigos online y probar los últimos lanzamientos del mercado. Un día, mientras navegaba por internet, vio un anuncio de una empresa que hacía videojuegos y que buscaba inversores para financiar su próximo proyecto. Diego se quedó intrigado y quiso saber más.

- Papá -le dijo Diego-.

- ¿Qué es una empresa que hace videojuegos?

-Es una organización que se dedica a crear y vender videojuegos -le respondió su padre-.

-¿Y cómo se financia? -preguntó Diego.

-Pues hay varias formas -explicó su padre-.

-Una de ellas es emitiendo acciones.

-¿Qué son las acciones? -insistió Diego.

-Las acciones son partes del capital de una empresa -dijo su padre-. Al comprar una acción, te conviertes en accionista o socio de la empresa. Eso significa que tienes derecho a participar en sus beneficios y en sus decisiones.

-¿Y cómo se participa en sus beneficios y en sus decisiones? -preguntó Diego curioso.

-Las acciones te dan derecho a recibir dividendos y a votar en la junta general de accionistas.

-Diego asintió con la cabeza mientras intentaba entender lo que le decía su padre, le parecía muy interesante eso de comprar acciones y ser socio de una empresa que hacía videojuegos.

6.4. LA DIVERSIFICACIÓN.

Érase una vez una niña llamada Ana, que tenía un pequeño huerto en su jardín. Un día decidió que quería ganar algo de dinero vendiendo las frutas y verduras que cultivaba y plantó muchas semillas de tomates porque eran sus favoritos y sabía que se vendían bien.

Cuando llegó el momento de cosechar, Ana se dio cuenta de que había un problema, una plaga había atacado los tomates y no había ninguno que pudiera vender, estaba muy triste porque había perdido todo su dinero.

Entonces su hermana Lucía, le dio un consejo muy valioso, le dijo que en lugar de poner todos sus huevos en una sola canasta (o en este caso, todas sus semillas en un solo tipo de cultivo), debería diversificar y plantar diferentes tipos de frutas y verduras, de esa manera, si una plaga atacaba uno de sus cultivos, todavía tendría otros para vender y no perdería todo su dinero.

Ana siguió el consejo de Lucía y al año siguiente plantó tomates, zanahorias, lechugas y fresas. Cuando llegó la siguiente cosecha, descubrió que las fresas habían sido atacadas por una plaga, pero todavía tenía tomates, zanahorias y lechugas para vender y así fue como Ana aprendió la importancia de la diversificación en las inversiones.

6.5. EL TIPO DE INTERÉS.

Había una vez un niño llamado Diego que quería comprarse una bicicleta nueva, pero no tenía suficiente dinero para comprarla, su hermana Ana le ofreció prestarle el dinero que necesitaba y le dijo que tendría que pagarle un poco más de lo que le prestaba, ese "poco más" se llama **interés**.

Ana le dio dos opciones, podría elegir un **interés fijo** o un **interés variable.** Si elegía el interés fijo, sabría exactamente cuánto tendría que pagar cada mes hasta devolverle todo el dinero, pero si elegía el interés variable, la cantidad que tendría que pagar cada mes podría cambiar.

Diego no estaba seguro de qué opción elegir, así que habló con su otra hermana, Lucía para pedirle consejo, esta le explicó que si elegía el interés fijo tendría la seguridad de saber cuánto tendría que pagar cada mes, pero si los intereses bajaban, no se beneficiaría de esa bajada. Por otro lado, si elegía el interés variable podría beneficiarse si los intereses bajaban, pero también tendría que pagar más si subían.

Después de pensarlo bien, Diego decidió elegir el interés fijo porque quería tener la seguridad de saber cuánto tendría que pagar cada mes y así fue como Diego aprendió la diferencia entre el interés fijo y el interés variable.

6.6. LA TAE.

É rase una vez una niña llamada Violeta que quería ahorrar dinero para comprarse un juguete nuevo, decidió guardar su dinero en el banco porque le habían dicho que allí le pagarían intereses por su dinero.

Cuando fue al banco, el señor que le atendió, don Javier, le habló de algo llamado TAE, Violeta no entendía muy bien qué era eso, así que este se lo explicó de una manera muy sencilla.

Le dijo que la TAE era como una forma de medir cuánto dinero ganaría por sus ahorros en un año, le explicó que cuanto mayor fuera la TAE, más dinero ganaría y también que la TAE tenía en cuenta no solo los intereses que le pagarían, sino también otros gastos y comisiones que pudiera haber.

Violeta lo entendió perfectamente y eligió la cuenta con la TAE más alta para guardar sus ahorros. Y así fue como gracias a don Javier aprendió qué era la TAE y cómo podía ayudarle a ganar más dinero por sus ahorros.

6.7. EL SEGURO.

Lucía y Diego son dos hermanos a los que les encanta jugar al fútbol en el parque. Un día, mientras estaban jugando, Lucía le dio una patada muy fuerte al balón y lo mandó volando hacia una ventana de un edificio cercano, el balón rompió el cristal y cayó dentro del apartamento de una señora mayor que se asustó mucho.

Los niños corrieron a pedir disculpas a la señora y a ofrecerse a pagar el arreglo de la ventana, pero la señora les dijo que no se preocuparan, que ella tenía un seguro que cubría los daños causados por terceros. También les explicó que un seguro es un contrato que se hace con una empresa (compañía de seguros) para que te pague o te ayude si te pasa algo malo o si le haces algo malo a alguien sin querer.

Diego y Lucía entendieron que era un seguro y le agradecieron a la señora su amabilidad, esta les dijo que no pasaba nada, que ella también había sido niña y había roto alguna ventana jugando, les devolvió el balón y les invitó a seguir jugando, pero con más cuidado. Los niños se fueron muy contentos y prometieron ser más responsables con sus juegos.

6.8. TIPOS DE SEGUROS.

Ana, Lucía y Diego son tres hermanos que un día decidieron ir a visitar una compañía de seguros que estaba cerca de su colegio. Querían saber qué era un seguro y para qué servía. Al llegar, les recibió una señora muy amable que se llamaba Pilar y que trabajaba como agente de seguros, les dijo que estaba encantada de explicarles lo que hacía y les invitó a pasar a su oficina.

Pilar les contó que un seguro es un contrato que se hace con una empresa para que te pague o te ayude si te pasa algo malo o si le haces algo malo a alguien sin querer, les explicó que hay diferentes tipos de seguros según lo que quieras proteger o asegurar.

- **Seguro de vida:** es el que te paga una cantidad de dinero a ti o a tus familiares si te mueres o te quedas inválido.

- **Seguro de salud:** es el que te cubre los gastos médicos si te pones enfermo o tienes un accidente.

- **Seguro de hogar:** es el que te protege tu casa y tus cosas si se queman, se inundan, se rompen o te las roban.

- **Seguro de vehículo:** es el que te ayuda si tienes un

problema con tu coche o si causas un daño a otro vehículo o persona.

- **Seguro de viaje:** es el que te ofrece asistencia y reembolso si tienes algún inconveniente en tu viaje, como perder el equipaje, cancelar el vuelo, sufrir una enfermedad o tener un accidente.

Ana, Lucía y Diego se quedaron impresionados con la cantidad de seguros que había y le preguntaron a Pilar cómo se hacía uno, esta les explicó que las partes de un seguro son las mismas para todos los tipos, solo cambia la cobertura según lo que quieras asegurar, también les contó que las partes de un seguro son:

- **El asegurado:** es la persona o cosa que está protegida por el seguro.

- **El asegurador:** es la empresa que ofrece el seguro y se compromete a pagar o ayudar al asegurado si ocurre algo.

- **La prima:** es el dinero que el asegurado tiene que pagar al asegurador cada cierto tiempo para tener el seguro.

- **La cobertura:** es lo que cubre el seguro o paga en caso de que ocurra algo.

- **El siniestro:** es el hecho o situación que ocurre y que hace que el seguro tenga que actuar.

- **La indemnización:** es el dinero o la ayuda que el asegurador le da al asegurado o al tercero afectado por el siniestro. En este caso, la indemnización dependía del tipo y la gravedad del problema.

Pilar les mostró algunos ejemplos de **pólizas de seguro**, que son los documentos donde se especifican todas las condiciones y detalles del contrato y le recalcó, que antes de firmar una póliza había que leerla bien y entenderla, también les recomendó usar un comparador de seguros, que es una herramienta online que te permite ver las ofertas y precios de diferentes compañías y elegir la mejor opción.

Ana, Lucía y Diego le dieron las gracias a Pilar por su tiempo y su paciencia, le dijeron que habían aprendido mucho sobre los seguros y sus partes, Pilar le respondió que se alegraba mucho y les regaló unos folletos informativos para que los llevaran a sus casas.

Los niños se fueron muy contentos a casa a contarle a sus padres todo lo que habían aprendido.

7. DINERO.

7.1. ¿QUÉ ES?

Ana y Diego son dos hermanos a los que le gusta mucho jugar y divertirse. Un día, decidieron ir al parque de atracciones con su madre, al llegar, vieron que había muchas cosas que hacer, montañas rusas, carruseles, tiovivos, juegos de agua, etc. ambién muchos puestos de comida y bebida, y de regalos y souvenirs.

Ana y Diego querían probarlo todo, pero su madre, Raquel les dijo que no podían, le explicó que para entrar en las atracciones o comprar algo en los puestos, tenían que pagar con dinero y le enseñó que el dinero es un medio de intercambio que se usa para obtener bienes y servicios, que los **bienes** son cosas materiales que se pueden tocar, como la comida, la ropa o los juguetes y que los **servicios** son actividades que se hacen para satisfacer una necesidad o un deseo, como el transporte, la educación o la diversión.

Estos entendieron perfectamente la diferencia entre bienes y servicios, pero no lo qué era el dinero, su madre les contó que el dinero no siempre existió, y que antes las personas usaban otras formas de intercambiar bienes y servicios, una de ellas era el trueque, que consistía en cambiar una cosa por otra sin usar dinero, por ejemplo, si alguien tenía manzanas y quería peras, podría buscar a alguien que tuviera peras y quisiera manzanas, y hacer un intercambio.

Los niños pensaron que el trueque era una buena idea, pero su madre les dijo que tenía muchos inconvenientes, por ejemplo, que no siempre se encontraba a alguien que tuviera lo que uno quería y quisiera lo que uno tenía, o a veces las cosas que se querían intercambiar no tenían el mismo valor o no se podían dividir o transportar fácilmente.

También les comentó que por eso se inventó el dinero, para facilitar el intercambio de bienes y servicios y que tiene tres funciones principales:

- Unidad de cuenta: Sirve para medir el valor de las cosas, por ejemplo, si una manzana vale un euro y una pera vale dos euros, se puede saber cuántas manzanas se pueden comprar con una pera o viceversa.

- Medio de pago: Sirve para comprar o vender cosas. Por ejemplo, si alguien quiere comprar una manzana, puede pagar con un euro y obtenerla sin tener que buscar a alguien que quiera cambiarla por otra cosa.

- Depósito de valor: Sirve para guardar el valor de las cosas para usarlo en el futuro, por ejemplo, si alguien tiene muchos euros y no quiere gastarlos ahora, puede guardarlos en un banco o en una hucha y usarlos cuando los necesite o quiera.

Ana y Diego comprendieron el significado del dinero y sus funciones. Raquel le dio un poco a cada uno para que pudieran elegir qué hacer en el parque de atracciones y les recordó que tenían que administrarlo bien y gastarlo con responsabilidad. Los niños se pusieron muy contentos y se fueron a disfrutar del parque.

7.2. CUENTAS BANCARIAS

Lucía y Diego son dos hermanos muy ahorradores. Cada vez que reciben una paga o una propina la guardan en sus huchas. Un día, decidieron contar cuánto dinero tenían y se sorprendieron al ver que habían acumulado una gran cantidad, querían comprar algo especial, pero no sabían qué.

Su Tío Miguel Ángel les dijo que podían abrir una cuenta bancaria para guardar su dinero de forma más segura y rentable y les explicó que una cuenta bancaria es un servicio que ofrecen los bancos para que las personas puedan depositar, retirar y transferir dinero. También les contó que hay diferentes tipos de cuentas bancarias según las características y las ventajas que ofrecen. Algunos ejemplos son:

- **Cuenta corriente:** es la más común y la que permite hacer operaciones básicas como ingresar, sacar o transferir dinero. También se puede pagar con una tarjeta asociada a la cuenta o con cheques, no suele dar intereses por el dinero depositado, pero tampoco cobra comisiones por el mantenimiento de la cuenta.

- **Cuenta de ahorro:** es la que se usa para guardar el dinero a largo plazo y obtener intereses por él. Los intereses son un porcentaje del dinero que el banco paga al cliente por dejarlo en la cuenta. Cuanto más tiempo se deje el dinero y más alto sea el interés, más dinero se gana, sin embargo, este tipo de cuenta suele tener más limitaciones para retirar o transferir el dinero.

- **Cuenta nómina:** es la que se usa para recibir el salario o la pensión de forma periódica, tiene algunas ventajas como no cobrar comisiones, dar intereses o regalos por domiciliar la nómina, o permitir acceder a créditos o préstamos con mejores condiciones. Un **crédito** o un **préstamo** es un dinero que el banco presta al cliente y que este tiene que devolver con intereses.

- **Cuenta infantil:** es la que se usa para los menores de edad que quieren empezar a ahorrar y aprender a gestionar su dinero. Para abrir esta cuenta se necesita el consentimiento y la supervisión de los padres o tutores.

Diego y Lucía se interesaron por la cuenta infantil y su tío los llevó al banco para abrirla, allí les atendió un señor muy simpático que se llamaba don Javier y que era el director del banco. Les dijo que estaba encantado de ayudarles y les pidió algunos datos personales y documentos para abrir la cuenta, les entregó un contrato donde se especificaban las condiciones y los detalles de la cuenta y les dijo que antes de firmarlo había que leerlo bien y entenderlo, pero que, para poder abrirla, necesitaban el consentimiento de sus padres.

Al día siguiente fueron con sus padres al banco para terminar de abrir la cuenta. Don Javier les dio una libreta donde podían anotar los movimientos de la cuenta y una tarjeta con la que podían sacar dinero de los cajeros automáticos.

Lucía y Diego depositaron su dinero en la cuenta infantil y se sintieron muy orgullosos de haber dado ese paso. Don

Javier les felicitó por su decisión y les dio algunos consejos para ahorrar y gastar su dinero de forma inteligente, les enseñó como consultar su saldo y sus operaciones por internet o por teléfono, y que si tenían alguna duda o problema podían acudir a él o a cualquier empleado del banco. Los niños le agradecieron su atención y su amabilidad y don Javier les invitó a tomar un chocolate con churros en la cafetería de al lado de la sucursal. Los dos hermanos se fueron muy contentos por lo que habían aprendido y sobre todo, por lo rico que estaba el chocolate.

7.3. LAS TARJETAS.

Ana y Diego son dos hermanos a los que les gusta mucho ir de compras. Un día, decidieron ir al centro comercial con sus padres. Al llegar, vieron que había muchas tiendas de ropa, zapatos, juguetes, libros, restaurantes, cines y salas de juegos. Ana y Diego querían comprar y hacer muchas cosas, pero sus padres les dijeron que tenían que controlar sus gastos.

Sus padres les explicaron que para comprar o pagar cosas se podía usar dinero en efectivo o tarjetas, que las tarjetas son unos plásticos con un chip o una banda magnética que guardan información sobre el titular y la cuenta bancaria asociada y que hay diferentes tipos , según la forma de pago o el uso que se les dé:

- **Tarjeta de débito:** Permite pagar o sacar dinero directamente de la cuenta bancaria del titular. El dinero se descuenta al momento de la operación y no se puede gastar más de lo que hay en la cuenta, suele tener un límite diario o mensual.

- **Tarjeta de crédito:** Permite pagar o sacar dinero prestado por el banco hasta un límite establecido. El dinero se devuelve al final del mes o en plazos con intereses, tiene un límite mensual y se suelen cobrar comisiones por el uso del crédito.

- Tarjeta prepago: Permite pagar o sacar dinero previamente cargado en la tarjeta. El dinero se descuenta en el momento de la operación y se puede recargar cuando se quiera.

- Tarjeta regalo: Permite comprar productos o servicios en una tienda o establecimiento determinado. El dinero se carga al comprar la tarjeta y se descuenta al usarla.

Ana y Diego entendieron lo que eran las tarjetas y sus tipos, sus padres les dieron una tarjeta prepago a cada uno con 20 € para que pudieran comprar o hacer lo que quisieran en el centro comercial, les dijeron que tenían que usarla con responsabilidad y cuidado y les advirtieron que si perdían la tarjeta o se les acababa el dinero, no podrían recuperarlo ni pedir más, estos aceptaron las condiciones y se pusieron muy contentos con su tarjeta.

Se fueron a disfrutar del centro comercial y gastaron su dinero con inteligencia, compraron algunas cosas que les gustaban y se divirtieron en los juegos y en el cine. Al final del día, les sobró un poco de dinero y decidieron guardarlo para otra ocasión.

7.4. COMPRAR POR INTERNET.

Juan y Claudia son dos hermanos a los que les gusta mucho leer. Un día, decidieron comprar un libro que se titulaba "Imagina que... ...ya sabes de economía". El libro se lo habían recomendado en el colegio y como hace unos meses había cerrado la librería de su pueblo, decidieron buscarlo por internet. Su padre, Emilio le dijo que podían comprarlo online, pero que deberían tener cuidado y seguir unos pasos, les explicó que comprar por internet es una forma de adquirir productos o servicios a través de una página web o una aplicación y les dijo que hay muchas ventajas de comprar por internet, como tener más variedad, mejores precios, comodidad y rapidez, pero también que hay algunos riesgos, como recibir un producto defectuoso, equivocado o falso, o ser víctima de un fraude o un robo de datos.

Juan y Claudia entendieron lo que era comprar por internet siguiendo los pasos que le había había explicado su padre:

- **Buscar el producto:** hay que elegir una página web o

una aplicación de confianza que ofrezca el producto que se quiere comprar, comparar los precios, las características y las opiniones de otros compradores, también leer bien la descripción y las condiciones del producto y del vendedor.

- Añadir el producto al carrito: una vez elegido el producto, hay que hacer clic en el botón de comprar o añadir al carrito. El carrito es una sección donde se guardan los productos que se quieren comprar hasta confirmar el pedido.

- Registrarse o iniciar sesión: para poder comprar hay que crear una cuenta o iniciar sesión con una cuenta existente en la página web o la aplicación. La cuenta suele pedir algunos datos personales como el nombre, el correo electrónico y la contraseña, hay que poner datos reales y guardar la contraseña en un lugar seguro (a ser posible en tu memoria).

- Elegir la forma de pago: para poder pagar hay que elegir una entre las opciones que ofrece la página web o la aplicación. Algunas formas de pago son la tarjeta de crédito o débito, el pago contra reembolso, el pago con PayPal o el pago con saldo o puntos. Hay que introducir los datos de la forma de pago elegida y verificarlos antes de confirmar.

- Elegir la forma de envío: para poder recibir el producto hay que elegir una forma de envío entre las opciones que ofrece la página web o la aplicación. Algunas formas de envío son el correo ordinario, el correo certificado, el correo urgente, el punto de recogida o agencia de transporte.

- Confirmar el pedido: para finalizar la compra hay que hacer clic en el botón de confirmar el pedido, en ese momento se genera un número de seguimiento que sirve para saber dónde está el producto y cuándo llegará. Se recibe un correo electrónico con los detalles del pedido y la factura.

- Recibir el producto: cuando el producto llega a la dirección de entrega o al punto de recogida hay que comprobar que está en buen estado y que coincide con lo que se compró. Si hay algún problema hay que contactar con el vendedor o con el servicio de atención al cliente para solucionarlo.

Juan y Claudia siguieron estos pasos y compraron el libro en Amazon, pagaron con una tarjeta prepago que les habían regalado sus padres y eligieron el envío urgente para recibirlo cuanto antes. Al cabo de dos días recibieron el libro en su casa y lo abrieron con ilusión. Era justo lo que querían y estaban muy contentos, se pusieron a leerlo juntos y disfrutaron mucho de su compra online, además de aprender mucho sobre economía.

8. PRODUCCIÓN Y PRECIOS.

8.1. VARIABLES
E INDICADORES
MACRECONÓMICOS.

Celia es una niña a la que le gusta mucho la economía. Un día, le preguntó a su madre, Lorena, qué eran las variables macroeconómicas y para qué servían. Lorena le dijo que las variables macroeconómicas son datos que se usan para medir y analizar el comportamiento de la economía de un país o de una región y que se utilizan para saber cómo está funcionando la economía y qué se puede hacer para mejorarla y que las más importantes son:

- **El producto interior bruto (PIB):** es el valor de todos los bienes y servicios que se producen en un país o en una región durante un periodo de tiempo, normalmente un año. El PIB sirve para medir el tamaño y el crecimiento de la economía.

- **La inflación:** es el aumento generalizado y sostenido de los precios de los bienes y servicios y se utiliza para medir el poder adquisitivo del dinero y el nivel de vida de las personas.

- El desempleo: es la situación en la que se encuentran las personas que quieren trabajar y no encuentran un empleo. Sirve para medir el aprovechamiento de los recursos humanos y el bienestar social.

- La balanza de pagos: es el registro de todas las transacciones económicas que realiza un país o una región con el resto del mundo y la utilizamos para medir la posición financiera y comercial de un país o una región.

Celia se quedó impresionada con la cantidad de variables macroeconómicas que había y todavía quiso profundizar más por lo que le preguntó a Lorena cómo se podían obtener esos datos, esta le dijo que se obtenían a partir de la observación, la estadística y el cálculo y que había organismos e instituciones encargados de recopilar, procesar y publicar esos datos, como los bancos centrales, los ministerios de economía o las agencias internacionales.

La niña le dio las gracias por su explicación y le dijo que le gustaría aprender más sobre las variables macroeconómicas y la economía en general. Su madre le dijo que se alegraba mucho y le regaló el libro "Imagina que...   ...ya sabes de economía". Celia se puso muy contenta y se puso a leerlo con entusiasmo.

8.2. EL PIB.

Diego es un niño al que le gusta mucho jugar al fútbol. Un día, le preguntó a su madre, Raquel, qué era el PIB y para qué servía, esta le contestó que el PIB es una forma de medir cuánto produce un país en un año, que producir significa hacer cosas o prestar servicios que la gente necesita o quiere y que se calcula sumando el valor de todos los bienes y servicios finales que se hacen en un país. Le explicó que los bienes son cosas que se pueden tocar, como la comida, la ropa o los juguetes y que los servicios son actividades que se hacen para satisfacer una necesidad o un deseo, como el transporte, la educación o la diversión.

Diego entendió lo que era producir y su madre le contó que el PIB se usa para saber cómo está funcionando la economía de un país y qué se puede hacer para mejorarla, que la economía es la ciencia que estudia cómo las personas producen, intercambian y consumen bienes y servicios y que el PIB es un indicador económico que refleja la riqueza que genera un país.

El niño se quedó pensativo y le preguntó que cómo se podía saber el valor de las cosas que se producen. Raquel le respondió que se usa el dinero como unidad de medida y que el dinero es un medio de intercambio que se utilizaa para obtener bienes y servicios, también que cada cosa tiene un precio, que es la cantidad de dinero que hay que pagar por ella y que para calcular el PIB hay que multiplicar el precio de cada cosa por la cantidad de cosas que se producen.

Diego le pidió un ejemplo y ella le propuso hacer un juego. Le dijo que imaginara que su país solo producía dos cosas: balones de fútbol y libros, que cada balón valía 10 € y cada libro valía 5 €. Le preguntó cuánto valdría el PIB si en un año se producían 100 balones y 200 libros.

El niño hizo las cuentas y le respondió: 100 balones x 10 € = 1.000 €; 200 libros x 5 € = 1.000 €; 1.000 € + 1.000 € = 2.000 €. Su madre le felicitó y le dijo que había acertado. Le dijo que el PIB sería de 2.000 €.

Diego se sintió muy orgulloso y le preguntó qué pasaría si al año siguiente se producían más balones y menos libros. Su madre le explicó que entonces el PIB cambiaría y le animó a calcularlo si en el segundo año se producían 150 balones y 150 libros.

Con la velocidad de un rayo respondió: 150 balones x 10 € = 1.500 euros; 150 libros x 5 €= 750 €; 1.500 € + 750 € = 2.250 €. Raquel le felicitó y le dijo que había acertado de nuevo.

8.3. LA INFLACIÓN.

Lucía es una niña a la que le encanta ir de compras. Un día, le preguntó a su abuela Ana Mari qué era la inflación y para qué servía. Su abuela le dijo que la **inflación** era el aumento generalizado y sostenido de los precios de los bienes y servicios en un país durante un periodo de tiempo y que se usa para medir el poder adquisitivo del dinero y el nivel de vida de las personas, que el poder adquisitivo es la cantidad de bienes y servicios que se pueden comprar con una cantidad de dinero y que el nivel de vida es la calidad y cantidad de bienes y servicios que se pueden disfrutar con una cantidad de dinero.

Lucía se quedó pensativa y le preguntó que cómo se podía saber el valor de las cosas que se compran, su abuela le respondió que se usa el dinero como unidad de medida, que el dinero es un medio de intercambio que se usa para obtener bienes y servicios y que cada cosa tiene un precio, que es la cantidad de dinero que hay que pagar por ella y que para medir la inflación hay que comparar el precio de las cosas en diferentes momentos.

La abuela Ana Mari le contó la siguiente historia:

Imagina que tienes un amigo que te presta 10 € para comprar un helado. El helado cuesta 2 €, por lo que puedes comprar cinco bolas de diferentes sabores. Le prometes a tu amigo que le devolverás el dinero al día siguiente.

Pero al día siguiente, cuando vas a la heladería, te das cuenta de que el precio del helado ha subido a 4 €. Ahora solo puedes comprar dos bolas y media con los 10 € que tienes, te sientes decepcionado y frustrado porque no puedes disfrutar del mismo helado que ayer.

¿Qué ha pasado? Ha ocurrido algo llamado inflación. La inflación es el aumento general de los precios de las cosas que compramos, cuando hay inflación, el dinero pierde valor y no podemos comprar tanto como antes con la misma cantidad.

¿Por qué suben los precios? Hay muchas razones posibles, pero una de las más comunes es que hay más demanda que oferta, es decir, hay más gente que quiere comprar algo que lo que hay disponible. Por ejemplo, si hay una ola de calor y todo el mundo quiere comer helado, el heladero puede subir el precio porque sabe que la gente lo pagará.

¿Qué podemos hacer para evitar la inflación? Una forma es ahorrar e invertir nuestro dinero en cosas que aumenten de valor con el tiempo, como una casa o unas acciones. Otra forma es comparar precios y buscar ofertas o descuentos. También podemos reducir nuestros gastos innecesarios y comprar solo lo que necesitamos.

La inflación no siempre es mala, un poco puede estimular la economía y el consumo, pero si es muy alta o rápida, puede causar problemas como la pobreza, la desigualdad o la inestabilidad.

8.4. CONSECUENCIAS DE LA INFLACIÓN.

A na tenía un sueño: comprar una bicicleta nueva. Había visto una en el escaparate de una tienda que le encantaba, era de color naranja, con ruedas grandes y un timbre que sonaba muy fuerte. Durante meses había ahorrado su paga semanal y el dinero que le habían regalado por su cumpleaños. Tenía 200 € guardados en su hucha.

Un día, decidió ir a la tienda a comprarla, pero cuando llegó, se llevó una gran sorpresa, el precio de la bicicleta había subido a 250 €, no entendía qué había pasado, se acercó al dependiente, el señor Miguel Ángel y le preguntó el motivo de la subida de precio. Miguel Ángel le explicó que era por culpa de la inflación.

- ¿La inflación? ¿Qué es eso? - preguntó Ana.

- Es el aumento generalizado de los precios de las cosas respondió Miguel Ángel. Cuando hay inflación, el dinero vale menos y puedes comprar menos cosas con él.

- ¿Y por qué hay inflación? - insistió Ana.

- Hay muchas causas posibles - le respondió el dependiente -, a veces es porque hay mucha demanda de algo y poca oferta, otras veces es porque hay problemas en la economía, como una guerra o una crisis y otras veces es porque el gobierno imprime demasiado dinero y lo reparte entre la gente.

- ¿Y eso es malo? - preguntó Ana.

- Sí, es malo - le dijo Miguel Ángel -, porque si hay mucha inflación, la gente pierde poder adquisitivo y no puede comprar lo que necesita o lo que quiere. Además, hace que sea más difícil ahorrar y planificar el futuro.

- Vaya, ¡qué lío! – exclamó Ana -, entonces, ¿qué puedo hacer yo para comprar la bicicleta?

- Pues tienes dos opciones - le dijo el dependiente -, o sigues ahorrando hasta que tengas los 250 €, o buscas otra bicicleta más barata.

Ana se quedó pensativa, no quería renunciar a su sueño, pero tampoco esperar más tiempo. Al final, decidió buscar otra bicicleta más barata, encontró una de color verde, con ruedas pequeñas y un timbre que sonaba muy fuerte, le costó 180 €, Ana se fue contenta con su nueva bicicleta, pero no pudo evitar sentir un poco de tristeza por la que había dejado atrás.

8.5. EL IPC.

Lucía quería ir al cine con sus amigas. Había una película que le apetecía mucho ver, era una comedia de aventuras, con muchos efectos especiales y risas. Había visto el cartel de la película en la calle y le había llamado la atención. El precio de la entrada era de 8 €, tenía 10 € en su monedero y pensó que con eso le bastaba para ir al cine y comprar unas palomitas, llamó a sus amigas Iria y Noa y quedaron para ir al cine el sábado por la tarde.

Cuando llegaron al cine, se llevaron una gran sorpresa, el precio de la entrada había subido a 9 €, Lucía no entendía qué había pasado. Le preguntó a la taquillera, la señora Marta por qué había subido tanto el precio,esta le explicó que era por culpa del IPC.

- ¿El IPC? ¿Qué es eso? - preguntó Lucía.

- El IPC es el Índice de Precios al Consumo le respondió Marta, es un indicador que mide cómo cambian los precios de las cosas que compramos habitualmente, como la comida, la ropa, el transporte o el cine.

- ¿Y cómo se calcula? - preguntó Lucía.

- Se calcula comparando los precios de una cesta de

productos y servicios que representa lo que consume una familia media -apuntó Marta-, si los precios suben, el IPC sube, si los precios bajan, el IPC baja.

- ¿Y por qué suben o bajan los precios? - preguntó Lucía.

- Hay muchas razones posibles - le respondió la taquillera -, a veces es por la inflación, otras veces es por la oferta y la demanda, que dependen de lo que quiera comprar la gente y de lo que haya disponible y por último por los impuestos, que son lo que el gobierno cobra por algunas cosas.

- ¿Y eso es bueno o malo? - preguntó Lucía.

Depende -señaló Marta -, si el IPC sube mucho, es malo para los consumidores, porque tienen que pagar más por las cosas, pero si el IPC baja mucho, también puede ser malo, porque significa que hay menos actividad económica y menos empleo.

- Vaya, qué complicado - dijo Lucía -. Entonces, ¿qué puedo hacer yo para ir al cine?

- Pues tienes dos opciones - le dijo Marta-, o pides un euro más a tus padres o a tus amigas, o buscas otra película más barata.

Lucía se quedó pensativa, no quería renunciar a su plan, pero tampoco quería molestar a nadie. Al final, decidió buscar otra película más barata, encontró una de dibujos animados, con menos efectos especiales y menos graciosa, le costó 7 €. Lucía, Iria y Noa fueron muy contentas al cine, pero no pudieron evitar dudar si la elección de la película fue la correcta.

8.6. EL PRECIO DEL DINERO.

Lucía quería hacer un viaje a Roma, pero no tenía el dinero suficiente y empezó a investigar. Dentro de su investigación había escuchado hablar del precio del dinero en un canal de YouTube, pero no sabía lo que era, por lo que decidió preguntar a su tía Marisol y tuvieron la siguiente conversación:

- ¿El precio del dinero? ¿Qué es eso? - preguntó Lucía.

- El precio del dinero es el interés, es lo que te cobran o te pagan por prestar o pedir dinero, expuso su tía.

- ¿Y cómo se calcula? - preguntó Lucía.

- Se calcula como un porcentaje del dinero prestado o pedido – respondió la tía Marisol-, por ejemplo, si te presto 100 € y te cobro un 10% de interés, cuando pase un año, tendrás que devolverme 110 €.

- ¿Y por qué sube o baja el interés? - preguntó Lucía

- Hay muchas razones posibles, le comentó su tía, unas veces es por la inflación, otras por la oferta y la demanda, que dependen de lo que quiera prestar o pedir la gente y de lo que haya disponible y por último, por el banco central, que es el que fija el tipo de interés oficial.

- ¿Y eso es bueno o malo? - preguntó Lucía.

- Depende – contestó su tía-. Si el interés sube mucho, es malo para los que piden dinero, porque tienen que pagar más por él, pero si baja mucho, también puede ser malo, porque significa que hay menos confianza en la economía y menos inversión.

- Vaya, qué complicado - señaló Lucía -, entonces, ¿qué puedo hacer yo para pagarme el viaje?

- Pues tienes dos opciones - añadió la tía Marisol -,o le pides un préstamo a tu tío Carlos, que maneja y te lo prestará gustosamente o esperas a ahorrar más dinero.

Lucía se quedó pensativa, le dio las gracias a su tía por la explicación y se fue corriendo a ver a su tío, la visita a Roma no pasaba de este verano.

9. EL MERCADO DE TRABAJO.

9.1. EL DESEMPLEO.

 Isabel quería ser veterinaria cuando fuera mayor, le encantaban los animales y siempre había soñado con cuidarlos y curarlos, por eso, se esforzaba mucho en el colegio y sacaba buenas notas. Sus padres estaban muy orgullosos de ella y le decían que, si seguía así, podría conseguir lo que se propusiera.

Pero un día, todo cambió. El padre de Isabel, Gonzalo, perdió su trabajo, era carpintero y trabajaba en una fábrica de muebles. La fábrica cerró porque no vendía suficiente y tuvo que despedir a todos sus empleados. Gonzalo se quedó sin trabajo y sin ingresos.

- ¿Qué es lo que ha pasado, papá? - le preguntó Isabel.

- Pues que me han despedido del trabajo, hija - le respondió su padre con tristeza -, ya no necesitan mis servicios.

- ¿Y eso por qué? - preguntó Isabel.

- Porque hay una crisis económica – respondió Gonzalo -, eso significa que hay menos dinero circulando y menos gente dispuesta a comprar cosas y si no hay demanda, no hay oferta y si no hay oferta, no hay trabajo.

- ¿Y qué es el trabajo? - preguntó Isabel.

- El trabajo es la actividad que realizan las personas para obtener un salario - afirmó su padre -. El salario es el dinero que reciben por su trabajo, con ese dinero pueden pagar sus gastos y ahorrar para el futuro.

- ¿Y qué es el desempleo? - preguntó Isabel.

- Parece que estás muy interesada en el tema, respondió Gonzalo, el desempleo es la situación en la que se encuentran las personas que quieren trabajar, pero no encuentran un trabajo, es un problema muy grave, porque afecta a la economía y a la sociedad. Las personas desempleadas tienen menos ingresos, menos consumo, menos ahorro y menos bienestar, además, pueden sentirse frustradas, tristes o enfadadas por no poder realizar su vocación o contribuir a la sociedad.

- Vaya, qué mal - dijo Isabel -. Entonces, ¿qué vas a hacer ahora, papá?

- Pues voy a buscar otro trabajo - señaló su padre -, no me voy a rendir, voy a enviar mi currículum a otras empresas, voy a hacer cursos de formación y a pedir ayuda a mis amigos y familiares… hay que ser positivo y tener esperanza.

- ¿Y yo puedo ayudarte en algo? - preguntó Isabel.

- Claro que sí, puedes ayudarme siendo una buena hija, estudiando mucho y apoyándome en los momentos difíciles y sobre todo, puedes ayudarme siguiendo tu sueño de ser veterinaria. No dejes que nada te lo impida, el trabajo es muy importante, pero también lo es la felicidad.

Isabel abrazó a su padre y le dio las gracias por sus palabras, se sintió triste por lo que le había pasado, pero también admiró su valentía y su optimismo y se prometió a sí misma que haría todo lo posible por ayudar a su padre y por cumplir su sueño de ser veterinaria.

9.2. TIPOS DE DESEMPLEO.

Alba es una niña que tiene dudas sobre los tipos de desempleo, para resolverlas ha buscado en Internet y ha encontrado una página donde venía muy bien explicado. Lo que ha encontrado es lo siguiente:

- El **desempleo cíclico** es el que ocurre cuando la economía está en recesión y hay menos demanda de bienes y servicios, por ejemplo, si hay una crisis sanitaria y la gente no puede salir a comprar o viajar, muchas empresas tienen que cerrar o reducir su producción y despedir a sus trabajadores.

- El **desempleo estructural** es el que ocurre cuando hay un cambio en la estructura de la economía y las habilidades o la ubicación de los trabajadores no se adaptan a las nuevas necesidades, por ejemplo, si hay un avance tecnológico y se crean nuevos empleos que requieren conocimientos informáticos o idiomas, los trabajadores que no tienen esos conocimientos pueden quedarse sin trabajo.

- El **desempleo friccional** es el que ocurre cuando los trabajadores cambian voluntariamente de empleo o buscan uno mejor por ejemplo, si Raquel, la madre de Ana, decide dejar su trabajo de profesora para buscar otro más cercano a su casa o con mejor horario, estará en situación de desempleo friccional hasta que encuentre otro trabajo.

- El **desempleo estacional** es la ausencia de trabajo por razones forzosas, que no tienen ninguna relación con las habilidades del trabajador, sino que forman parte del entorno y la época del añode una forma sencilla y con un ejemplo que te pueda interesar. Imagina que te gusta mucho ir a la playa en verano y que hay un vendedor de helados en un carrito cerca del mar, ese señor tiene un trabajo estacional, porque solo puede vender helados cuando hace calor y hay mucha gente en la playa, pero cuando llega el invierno, hace frío y nadie quiere comprar helados, el heladero tiene que buscar otro trabajo o esperar al próximo verano. Eso es el desempleo estacional.

Alba está muy contenta porque ella sola ha sido capaz de buscar información y entender los tipos de desempleo. También espera que todos los que buscan trabajo lo encuentren pronto y que la economía mejore.

9.3. CAUSAS DEL DESEMPLEO.

Había una vez tres hermanos que se llamaban Ana, Lucía y Diego. Los tres trabajaban en diferentes sectores y tenían diferentes condiciones laborales.

Ana era diseñadora gráfica y trabajaba en una empresa creativa, tenía un contrato indefinido y un buen sueldo, estaba muy contenta con su trabajo y se sentía realizada.

Lucía era contable y trabajaba en una empresa tradicional, tenía un contrato temporal y un sueldo bajo, estaba muy descontenta con su trabajo y se sentía frustrada.

Diego era camarero y trabajaba en un restaurante turístico, tenía un contrato por horas y un sueldo variable, estaba muy satisfecho con su trabajo y se sentía libre.

Un día, la economía entró en crisis y la demanda de bienes y servicios se redujo. Las empresas empezaron a despedir a sus trabajadores para ahorrar costes.

Ana fue despedida porque su empresa perdió clientes y no podía pagarle el sueldo..

A Lucía la despidieron porque su empresa se modernizó y no necesitaba sus servicios.

El restaurante de Diego cerró por falta de turistas, se quedó sin trabajo y se sintió asustado.

Los tres hermanos hablaron, se apoyaron y decidieron buscar soluciones para salir de esa situación.

Ana se inscribió en el Servicio Público de Empleo Estatal (SEPE) y solicitó una prestación por desempleo, empezó a buscar ofertas de trabajo en su sector, pero no encontraba nada que le interesara.

Lucía se inscribió en el SEPE y solicitó una prestación por desempleo, empezó a buscar ofertas de trabajo en su sector, pero no encontraba nada que se adaptara a sus conocimientos.

Diego se inscribió en el SEPE y solicitó una prestación por desempleo, empezó a buscar ofertas de trabajo en su sector, pero no encontraba nada que le ofreciera unas condiciones dignas.

Los tres hermanos se dieron cuenta que el mercado laboral había cambiado y que tenían que adaptarse a las nuevas circunstancias.

Ana decidió emprender su propio negocio de diseño gráfico online, para ello, invirtió sus ahorros, creó una página web, contactó con posibles clientes y promocionó sus servicios en las redes sociales.

Lucía decidió formarse en nuevas competencias digitales, por lo que se matriculó en un curso online, actualizó su currículum, amplió su red de contactos y mejoró su perfil profesional.

Diego decidió diversificar sus opciones laborales, se apuntó a varias agencias de empleo, aceptó trabajos temporales, exploró otras áreas de interés y desarrolló nuevas habilidades.

Los tres hermanos siguieron luchando por encontrar un trabajo que les gustara y les permitiera vivir dignamente.

9.4. ESTADÍSTICAS DE EMPLEO.

9.4.1. INDICADORES GENERALES.

Ana, Lucía y Diego son tres hermanos que viven con sus padres en una granja. Lucía tiene 18 años y ayuda a su padre en el campo. Diego tiene 16 años y ayuda a su madre en la casa. Ana tiene 14 años y va al colegio.

Un día, decidieron ir al pueblo a ver una película en el cine. Lucía les dijo que tenía que pedir permiso a su padre, porque él contaba con su ayuda para cuidar de las plantas y los animales. Diego les dijo que tenía que pedir permiso a su madre, porque ella contaba con su ayuda para limpiar y cocinar. Ana les dijo que ella no tenía que pedir permiso a nadie, porque ella solo tenía que estudiar.

Los tres hermanos se dieron cuenta de que tenían situaciones laborales diferentes, Lucía les explicó que ella formaba parte de la poblacion en edad de trabajar, que son todas las personas mayores de 16 años que pueden trabajar como ella trabajaba en la granja, también formaba parte de la población activa, que son todas las personas que trabajan o buscan trabajo y como ella tenía un empleo, también formaba parte de la **población ocupada**, que son las personas que tienen un trabajo.

Diego expuso que él también formaba parte de la población en edad de trabajar, pero como él no trabajaba fuera de la casa ni buscaba trabajo, era población **inactiva,** que son las personas que no trabajan ni buscan trabajo.

Ana les dijo que ella **no** formaba parte de la **población en edad de trabajar**, porque era menor de 16 años. Pero como ella estudiaba, estaba preparándose para el futuro y podía elegir qué tipo de trabajo quería hacer cuando fuera mayor.

Los tres hermanos hablaron sobre su futuro, Lucía les dijo que ella quería seguir trabajando en la granja y hacerla más productiva, Diego, que él quería buscar un trabajo fuera de casa y Ana, que a ella le gustaría seguir estudiando y aprender muchas cosas nuevas.

9.4.2. INDICADORES ESPECÍFICOS.

Diego es un niño de 12 años que vive en una pequeña ciudad, le gusta mucho jugar al baloncesto. Un día, su maestra, Laura, le dijo que esa tarde, en lugar de ir a entrenar, hiciera un trabajo sobre las estadísticas de empleo más importantes, pero Diego no sabía muy bien, mejor dicho, nada qué eran esas estadísticas, así que le preguntó a su madre, Raquel.

Su madre le explicó que las **estadísticas de empleo** son unos números que nos dicen cómo está el trabajo en un país o en una región y que hay diferentes tipos de estadísticas, pero que las más importantes eran la tasa de actividad, la tasa de ocupación y la tasa de desempleo.

Diego se quedó un poco confundido con tantos nombres, así que su madre le puso un ejemplo, le dijo que imaginara que en su ciudad había 1000 personas mayores de 16 años, esas 1000 personas formaban la **población en edad de trabajar**.

De esas 1000 personas, 800 querían trabajar y buscaban trabajo. Esas 800 personas formaban la **población activa**.

De esas 800 personas, 600 tenían trabajo y 200 no tenían trabajo. Las 600 personas que tenían trabajo formaban la **población ocupada** y las 200 personas que no tenían trabajo formaban la **población desocupada.**

Con el ejemplo lo entendió a la primera, pero como era muy curioso y tenía más inquietudes le preguntó a su madre cómo se podía saber el porcentaje de cada tipo de estadística, esta le dijo que era muy fácil, solo había que dividir el número de cada tipo de población entre el número total de la población en edad de trabajar o de la población activa y multiplicar por 100.

Para saber el porcentaje de la **tasa de actividad**, había que dividir 800 entre 1000 y multiplicar por 100. El resultado era 80%.

Para saber el porcentaje de la **tasa de ocupación**, había que dividir 600 entre 800 y multiplicar por 100. El resultado era 75%.

Para saber el porcentaje de la **tasa de desempleo,** había que dividir 200 entre 800 y multiplicar por 100. El resultado era 25%.

Diego se puso muy contento, le dio un abrazo su madre por lo bien que se lo había explicado y esta le dijo que estaba muy orgullosa de él y le dio un abrazo. Diego cogió sus rotuladores y sus cartulinas y se fue a su habitación a dibujar y colorear las estadísticas de empleo más importantes de su ciudad.

Al día siguiente cuando llegó al colegio, fue al despacho de Laura, que también era la directora del centro a enseñarle su trabajo, cuando lo vio le dio un abrazo a Diego y lo felicitó por haber sido capaz de renunciar al entrenamiento para obtener una buena nota en la asignatura.

9.5. POLÍTICA DE EMPLEO.

Ana es una niña de 14 años que vive en una isla. Le gusta mucho leer y escribir. Un día, su profesor, Juan Carlos le pidió que hiciera un trabajo sobre la política de empleo, Ana no sabía muy bien qué era eso, así que le preguntó a su abuelo Nines.

Su abuelo le explicó que la política de empleo son las acciones que realiza el gobierno para mejorar el trabajo en un país o en una regió, le dijo que hay diferentes tipos de acciones, como crear más puestos de trabajo, ayudar a las personas que no tienen trabajo, formar a las personas para que puedan trabajar mejor o proteger los derechos de los trabajadores.

Ana se quedó un poco sorprendida con tantas cosas, así que su abuelo le puso el siguiente ejemplo:

Imagina que en tu isla hay 100 personas mayores de 16 años. Esas 100 personas formaban la población en edad de trabajar, de esas 100 personas, 80 querían trabajar y buscaban trabajo. Esas 80 personas formaban la población activa. De esas 80 personas, 60 tenían trabajo y 20 no tenían trabajo. Las 60 personas que tenían trabajo formaban la población ocupada y las 20 personas que no tenían trabajo formaban la población desocupada.

Su abuelo añadió que el gobierno de la isla quería mejorar la situación del trabajo y por eso hacía una política de empleo.

El gobierno creó una escuela de pesca para enseñar a las personas a pescar mejor y así poder vender más pescado a otras islas, eso hizo que se crearan 10 puestos de trabajo más y que la población ocupada aumentara a 70 personas.

También dio una ayuda económica a las personas que no tenían trabajo para que pudieran comprar comida y pagar sus gastos, lo que hizo que las personas desocupadas se sintieran más tranquilas y motivadas para seguir buscando trabajo.

Además, promulgó una ley para que los trabajadores tuvieran vacaciones, seguro médico y un salario justo. Gracias a todas estas medidas los trabajadores se sentirían más felices y respetados en su trabajo.

Ana entendió mejor el ejemplo y le preguntó a su abuelo cómo se podía saber si la política de empleo era buena o mala.

El abuelo Nines le respondió que dependía de muchos factores, como el dinero disponible, las necesidades de las personas, las características del lugar o los objetivos del gobierno y que lo importante era que la política de empleo fuera justa y equitativa.

Ana se puso muy contenta y le dijo a su abuelo que ya sabía cómo hacer su trabajo, este le respondió que estaba muy orgulloso de ella y le dio un beso, Ana subió a la habitación, cogió sus libros y sus cuadernos y comenzó a escribir sobre la política de empleo de su isla.

10. LAS CUENTAS DEL ESTADO.

10.1. LOS FALLOS
DE MERCADO.

Carla y Noa son dos hermanas que quieren ir al cine a ver una película. Carla quiere ver una comedia romántica y Noa quiere ver una de terror, el problema es que solo hay una sala de cine en su pueblo y solo proyecta una película al día. El dueño del cine, el señor Toribio, decide qué película poner según lo que le gusta a él, sin tener en cuenta lo que quieren los demás. Un día pone una comedia romántica y otro día pone una de terror.

Tienen que elegir entre ir al cine el día que ponen la película que les gusta o quedarse en casa. Si van el día que ponen la película que les gusta, se divierten y pagan la entrada, pero si se quedan en casa, se aburren pero no pagan nada. Si van el día que ponen la película que no les gusta, se aburren y encima pagan la entrada.

Este es un ejemplo de fallo de mercado, porque Toribio no asigna los recursos (la sala y la película) de forma eficiente, podría haber más personas que quisieran ver otras películas o que estuvieran dispuestas a pagar más por ver la que les gusta, también ganar más dinero y los espectadores podrían estar más contentos si hubiera más variedad de películas o si se hiciera una encuesta para saber qué película prefieren.

Alba es la hermana de Carla y Noa y tiene una idea para solucionar el fallo de mercado, en el sótano de su casa ha encontrado un proyector y una pantalla grande que hace unos años utilizaban sus padres, César e Irune, y ha decidido instalarla en su habitación.

Ha organizado un pequeño negocio en su casa, deja ver a sus hermanas las películas que quieran en la habitación y les cobra una entrada más barata que la del cine. Así, Carla y Noa pueden ver la película que les gusta el día que quieran y pagar menos. Alba gana dinero y sus hermanas se divierten.

Este es un ejemplo de cómo el mercado puede corregir el fallo de mercado, porque Alba ofrece un servicio alternativo al del cine que satisface mejor las necesidades de los consumidores y asigna los recursos (el proyector y la pantalla) de forma más eficiente que el señor Toribio.

10.2. LOS CICLOS ECONÓMICOS.

Beatriz y Violeta son dos hermanas que tienen una tienda de juguetes. Un día, deciden hacer una rebaja en todos sus productos para atraer más clientes. La idea funciona y empiezan a tener más clientes. Beatriz y Violeta están contentas porque venden más juguetes y ganan más dinero. Esta es la fase de **recuperación** del ciclo económico.

Al ver que la rebaja tiene éxito, deciden ampliar su tienda y comprar más juguetes para ofrecer más variedad, también contratan a Diego, su hermano para que les ayude con las ventas. La tienda se hace más popular y cada vez tiene más clientes fieles. Las dos propietarias están felices porque venden mucho más que antes y ganan mucho más dinero. Esta es la fase de **expansión** del ciclo económico.

Después de un tiempo, se dan cuenta de que su tienda es la mejor del pueblo y que no tienen competencia y deciden subir los precios para aprovechar la demanda. Los clientes siguen comprando porque les gustan mucho y no hay otra opción,en definitiva venden lo mismo que antes, pero ganan mucho más dinero. Esta es la fase de **auge o ascenso** del ciclo económico.

Sin embargo, un día aparece una nueva tienda de juguetes en el pueblo que tiene juguetes más modernos, más baratos y divertidos, los clientes empiezan a dejar de comprar en la de Beatriz y Violeta y compran en la nueva. En este momento venden menos juguetes y ganan menos dinero. Esta es la fase de **recesión** del ciclo económico.

Beatriz y Violeta se dan cuenta de que tienen que hacer algo para recuperar a sus clientes. Deciden bajar los precios de los juguetes, renovar su stock y hacer una campaña publicitaria y así comenzar un nuevo ciclo económico.

10.3. LA POLÍTICA MACROECONÓMICA.

Imagina que tienes una tienda de juguetes y quieres vender muchos a buen precio, pero hay otras cosas que afectan a tu negocio, como el dinero que tienes, el que gastas, el que te prestan, el que le debes a otros, los juguetes que compras de otros países y los que vendes a otros países.

La **política macroeconómica** es el conjunto de decisiones que toma el gobierno para ayudar a los negocios a vender más y mejor, y también a las personas a tener más dinero y trabajo. El gobierno puede utilizar diferentes herramientas, como cambiar la cantidad de dinero que hay en el país, los impuestos que cobra, las reglas del comercio con otros países y el valor del dinero con respecto a otras monedas. Estas herramientas afectan a las cosas que te importan, como los precios, el crecimiento, el empleo y el tipo de cambio. La política macroeconómica en definitiva busca que todos estemos mejor económicamente y que podamos comprar y vender más cosas.

10.4. LA POLÍTICA FISCAL.

Imagina que Ana tiene una tienda de caramelos para vendérselos a los niños del barrio, pero también tiene que pagar impuestos por cada caramelo que vende, el alquiler de la tienda, la luz, el agua y otras cosas. Los impuestos los pagan las personas y empresas para que el gobierno pueda pagar los servicios públicos, como la educación, la salud, la seguridad y otros.

La **política fiscal** es el conjunto de decisiones que toma el gobierno sobre los impuestos, que y cuánto va a gastar en los servicios públicos, puede modificar tanto los impuestos como el gasto público para influir en la economía del país y conseguir diferentes objetivos, como hacer que haya más crecimiento, más empleo, menos inflación, menos deuda y más equilibrio con otros países. Por ejemplo, si quiere **estimular** la economía porque hay una crisis, puede bajar los impuestos o subir el gasto público, para que las personas y las empresas tengan más dinero para gastar y así aumentar la demanda de bienes y servicios, por el contrario, si se quiere frenar la economía porque hay mucha inflación, puede subir los impuestos o bajar el gasto público, para que las personas y las empresas tengan menos dinero para gastar y así reducir la demanda de bienes y servicios.

La política fiscal tiene efectos globales sobre la economía del país. Si se bajan los impuestos, Ana tendrá más beneficios y podrá comprar más caramelos o contratar a alguien para que le ayude, si sube el gasto público en educación, habrá más escuelas y más niños que querrán comprar caramelos, pero si, por el contrario, se suben los impuestos, tendrá menos beneficios y quizá tenga que subir el precio de los caramelos o cerrar la tienda. Si se baja el gasto público en salud, habrá menos hospitales y menos médicos.

La política fiscal es importante porque afecta a todos los aspectos de la vida económica y social de un país.

10.5. LA POLÍTICA MONETARIA.

Imagina que Lucía tiene una hucha donde guarda sus ahorros y que le gusta mucho comprar juguetes y libros, pero debe tener cuidado con el dinero que gasta, porque si se queda sin él, no podrá comprar nada más.

La **política monetaria** es el conjunto de medidas que toma el banco central europeo para controlar la cantidad de dinero y de crédito que hay en la economía.

El **banco central** europeo es una institución que se encarga de emitir el dinero y de regular su valor y su circulación. La política monetaria tiene como objetivo principal mantener la estabilidad de precios, es decir, evitar que haya mucha inflación o mucha deflación.

La **inflación** es el aumento generalizado de los precios de los bienes y servicios, y la **deflación** es lo contrario, la disminución generalizada de los precios.

La política monetaria influye en la economía a través de los tipos de interés, que son el precio del dinero.

El **tipo de interés** es el porcentaje que se paga o se cobra por prestar o pedir prestado dinero. Por ejemplo, si Lucía quiere comprar un juguete que cuesta 10 € y no tiene suficiente dinero, puede pedirle prestado a Diego 5 € y devolvérselos al año siguiente con un interés del 10%. Eso significa que Lucía tendrá que pagarle a Diego 5,5 € dentro de un año (5 € del préstamo más 0,5 € de interés).

El banco central puede subir o bajar los tipos de interés para estimular o frenar la economía.

Si el banco central **sube** los tipos de interés, el dinero se vuelve más caro y escaso, y las personas y empresas gastan menos y ahorran más, esto reduce la demanda de bienes y servicios y baja la inflación.

Si el banco central **baja** los tipos de interés, el dinero se vuelve más barato y abundante, las personas y empresas gastan más y ahorran menos, esto aumenta la demanda de bienes y servicios y sube la inflación.

La política monetaria tiene efectos sobre la hucha de Lucía y sobre todos los demás. Si el banco central sube los tipos de interés, Lucía tendrá que pagar más por pedir prestado dinero o cobrará más por prestarlo, en cambio si los baja, tendrá que pagar menos por pedir prestado dinero o cobrará menos por prestarlo.

10.6. LOS PRESUPUESTOS GENERALES DEL ESTADO.

Imagina que Ana es la presidenta de un club de lectura donde participan Lucía, Diego y otros niños. Ana tiene que organizar las actividades del club para el próximo año y para eso necesita saber cuánto dinero va a tener y en qué lo va a gastar.

Los **presupuestos generales** del estado son el plan de gastos e ingresos del gobierno para un año. El gobierno sería el presidente del club de lectura, pero de todo el país. Los presupuestos generales del estado son una ley que el gobierno tiene que aprobar en el parlamento, este sería la asamblea del club de lectura donde todos los miembros pueden opinar y votar.

Los presupuestos generales del estado incluyen todos los gastos e ingresos del sector público estatal, que trasladándolo a nuestro club sería el conjunto de actividades y recursos.

Los **gastos** serían el dinero que el gobierno va a destinar a diferentes áreas como la educación, la sanidad, la defensa, las pensiones, etc.

Los **ingresos** serían el dinero que el gobierno va a obtener de diferentes fuentes como los impuestos, las tasas, los préstamos, etc.

Los presupuestos generales del estado tienen que estar equilibrados, es decir, los ingresos tienen que ser iguales o superiores a los gastos, si no lo están, el gobierno tiene que pedir prestado dinero y endeudarse. Son importantes porque reflejan las prioridades y las políticas del gobierno y porque afectan al funcionamiento y al bienestar de todo el país.

10.7. EL GASTO PÚBLICO

Imagina que Lucía es la alcaldesa de un pueblo donde viven Mateo, Juan, Miguel y otros niños. Lucía tiene que decidir cómo usar el dinero que recibe del gobierno para mejorar la vida de los habitantes del pueblo.

El **gasto público** es el dinero que las administraciones gastan en comprar bienes y servicios para el bien común.

Los **bienes** son elementos materiales como las carreteras, escuelas, parques, etc.

Los **servicios** son elementos inmateriales, como la educación, la sanidad, la seguridad, etc.

Lucía tiene que elegir entre las diferentes opciones de gasto público según las necesidades y los deseos de los habitantes del pueblo, puede gastar dinero en construir una biblioteca, en contratar más médicos, en organizar actividades culturales, etc.

El gasto público tiene diferentes objetivos y funciones, reducir la desigualdad entre las personas más ricas y las más pobres, redistribuir la riqueza entre las zonas más desarrolladas y las más necesitadas, o satisfacer diferentes necesidades a los ciudadanos de un país, es importante porque influye en el bienestar y el desarrollo de la sociedad.

10.8. LA REDISTRIBUCIÓN DE LA RENTA.

Imagina que Ana, Pilar y Rodrigo son tres amigos que van al mismo colegio. Ana vive en una casa muy grande y tiene muchos juguetes y ropa, Pilar vive en una casa más pequeña y tiene algunos juguetes y ropa y Rodrigo vive en una casa muy humilde y tiene pocos juguetes y ropa.

Un día, el profesor, D. Vicente, les propone hacer un trabajo en grupo sobre la economía, les dice que tienen que repartir entre ellos 100 € que les da el colegio para comprar material. Ana dice que quiere quedarse con 50 €, Pilar con 30 € y Rodrigo con 20 €.

Pilar señala que eso no es justo, porque Ana ya tiene mucho dinero y Rodrigo muy poco, parece ser que a Rodrigo le da igual, porque está acostumbrado a tener menos que los demás. El profesor les explica que la forma en que se reparte el dinero entre las personas se llama distribución de la renta, les cuenta que hay países donde la distribución de la renta es muy desigual, es decir, hay personas muy ricas y personas muy pobres.

Les explica que hay otras formas de repartir el dinero

más equitativas, es decir, que todos tengan más o menos lo mismo y que eso se llama redistribución de la renta , que se puede hacer mediante impuestos o transferencias.

Los **impuestos** son el dinero que las personas pagan al gobierno según lo que ganan o lo que gastan.

Las **transferencias** son el dinero que el gobierno da a las personas según sus necesidades o sus derechos.

El gobierno puede cobrar más impuestos a las personas más ricas y dar más transferencias a las personas más pobres. D. Vicente les propone hacer un experimento de redistribución de la renta con los 100 €. La idea es que Ana pague 10 € de impuestos, Pilar 5 € y Rodrigo nada, también les comenta que Rodrigo tiene derecho a recibir 10 € en transferencias, Pilar 5 € y Ana nada. Así, al final, Ana se queda con 40 €, Pilar con 30 € y Rodrigo con 30 €.

El profesor les pregunta qué les parece el resultado, Ana dice que no le gusta, porque ha perdido dinero y ahora tiene menos que antes. Pilar expone que le da lo mismo porque ha quedado igual que estaba y Rodrigo dice que le encanta, porque ha ganado mucho dinero y ahora tiene lo mismo que Pilar. D. Vicente les explica que la redistribución de la renta es importante porque puede reducir la desigualdad entre las personas y mejorar el bienestar y el desarrollo de la sociedad.

10.9. FINANCIACIÓN DEL DÉFICIT PÚBLICO.

Imagina que Ana, Lucía y Diego son tres hermanos que viven con sus padres. Estos les dan una paga semanal de 10 € a cada uno para que se compren lo que quieran.

Ana es muy ahorradora y siempre guarda parte de su paga en una hucha, Lucía suele comprar cosas que le gustan, pero sin pasarse, pero Diego es muy derrochador y siempre se gasta toda su paga y más en chucherías, videojuegos y cómics.

Un día, Diego se da cuenta de que no tiene dinero para comprar el último cómic que ha salido, habla con sus padres y les pide un aumento de su asignación semanal, pero ellos le dicen que no, que ya le dan bastante y que tiene que aprender a administrarse mejor.

Diego se enfada y decide pedir dinero prestado a sus hermanas. Ana se lo niega porque ella está ahorrando para comprarse una bicicleta nueva y no quiere prestarle dinero a alguien que no sabe gastar bien, Lucía le dice que sí, pero con una condición: tiene que devolver el dinero con un interés del 10% semanal (eso es usura). Diego acepta y le pide 10 €, prometiéndole devolverle 11 € la semana que viene, se compra el cómic y en ese momento es el más feliz del mundo.

Sin embargo, cuando pasa una semana, Diego se da cuenta de que no tiene suficiente dinero para devolverle a Lucía, por lo que le solicita a sus padres que le adelanten la paga, pero ellos le dan un no por respuesta, la semana pasada ya le explicaron que tenía que aprender a administrarse mejor.

Diego se desespera y decide pedirle dinero prestado a Ana de nuevo. Ana le vuelve a dar una respuesta negativa y que además sabe que le debe dinero a Lucía. Diego le comenta que, si le presta 11 €, le devolverá 12 € la semana siguiente, Ana acepta a regañadientes y le presta los 11 €, pensando que así podrá incrementar su dinero rápidamente y comprar antes la bicicleta.

Diego le devuelve los 11 € a Lucía y se queda tranquilo., pero, al cabo de otra semana, se vuelve a dar cuenta de que no tiene suficiente dinero para devolverle a Ana y reitera co lo del aumento de paga, otra vez repuesta negativa por las mismas razones que la semana pasada.

Diego se angustia y decide volver pedir dinero prestado a Lucía de nuevo, esta le dice que sí, pero que le tiene que devolver el dinero con un interés del 20% semanal. Diego acepta y le pide 12 euros , prometiéndole devolverle 14,40 € la semana siguiente, le devuelve los 12 € a Ana y se queda aliviado. (El problema viene cuando toca volver a devolver el ultimo préstamo).

Esta historia es una forma de entender el déficit público y cómo se financia.

El déficit público se produce cuando el gobierno gasta más de lo que ingresa en un periodo de tiempo, el gobierno ingresa dinero principalmente por los impuestos que pagan las personas y las empresas y gasta principalmente en inversiones públicas, como carreteras o escuelas, en deuda pública, como los intereses que tiene que pagar por los préstamos que recibe, y en gastos sociales, como las pensiones o la sanidad. Cuando el gobierno tiene déficit público, tiene dos opciones, **reducir** sus gastos o **aumentar** sus ingresos.

11. EL COMERCIO INTERNACIONAL Y LA UNIÓN EUROPEA.

11.1. EL COMERCIO INTERNACIONAL.

Ana vive en España y le encantan los dulces. Un día, decide hacer un pastel de chocolate para su cumpleaños, pero se da cuenta de que no tiene suficiente cacao en polvo. El cacao es el ingrediente principal del chocolate y se obtiene de unas semillas que crecen en unos árboles llamados cacaoteros, resulta que estos sólo crecen en climas tropicales, como los de África o América del Sur, y no en España. ¿Qué puede hacer Ana?

Ana recuerda que sus amigas Elisa e Irene tienen una tía que vive en Ecuador, un país de América del Sur donde hay muchos cacaoteros. Ana le pide a sus amigas que le pregunten a su tía si puede enviarle un poco de cacao en polvo por correo. La tía de Elisa e Irene acepta y le envía un paquete con cacao en polvo a Ana. Cuando recibe el paquete, se pone muy contenta. ¡Ahora puede hacer su pastel de chocolate!

Pero la tía de Irene y Elisa no le ha regalado el cacao en polvo, le ha pedido a Ana que le pague una cantidad de dinero por el cacao, además, Ana tiene que pagar otro dinero por el envío del paquete y por los impuestos que cobra el gobierno español por recibir productos de otros países, todo esto hace que el cacao en polvo le salga más caro que si lo hubiera comprado en una tienda de España.

¿Por qué Ana ha decidido comprar el cacao en polvo a la tía de Elisa e Irene y no en una tienda de España? Porque le ha ofrecido un cacao en polvo de mejor calidad y más natural que el que venden en las tiendas de España. Ana piensa que vale la pena pagar más por un producto mejor. Además, quiere ayudar a la tía de Elisa e Irene y a los agricultores ecuatorianos que cultivan el cacao.

Esta es una forma de comercio internacional: Ana compra un producto a otro país porque le ofrece una ventaja o un beneficio que no encuentra en su propio país, la tía de Elisa e Irene vende su producto a otro país porque puede obtener un precio más alto o justo que en su propio país. Ambas partes salen ganando con el intercambio.

11.2. IMPORTACIÓN Y EXPORTACIÓN.

Ángel Adrián vive en México y le encanta el fútbol. Un día, decide comprar una camiseta oficial del Real Madrid, su equipo favorito. Una tarde, después del colegio recorrió todas las tiendas de su ciudad, pero no la encontró por ninguna parte. ¿Qué podría hacer?

Se acordó de que su amigo Diego vivía en España y es fan del Real Madrid, le llamó por teléfono, le pidió que le comprara la camiseta y se la enviara por mensajería, Diego acepta y le envía un paquete con la camiseta.

Cuando Angel Adrián recibió el paquete se puso muy contento. ¡Ahora puede lucir su camiseta del Real Madrid!

Pero Diego no le ha regalado la camiseta, le ha pedido que le pague una cantidad de dinero por ella, además, también tiene que pagar por el envío del paquete y por los impuestos que cobra el gobierno mexicano por recibir productos de otros países. Todo esto hace que la camiseta le salga más cara a que si la hubiera comprado en una tienda de su ciudad.

¿Por qué Ángel Adrián ha decidido comprar la camiseta a Diego y no en una tienda de México? porque este le ha ofrecido una camiseta original y oficial del Real Madrid que no se vende en las tiendas de México y piensa que merece la pena pagar más por una camiseta auténtica, además,tiene la ilusión de tener la misma camiseta que su amigo Diego y compartir su pasión por el fútbol.

Esta es una forma de **importación**: Ángel Adrián compra un producto de otro país porque le ofrece una característica o una calidad que no encuentra en el suyo. Diego vende su producto a otro país porque puede obtener un beneficio o una satisfacción personal con el intercambio.

Ahora imagina que Ángel Adrián tiene una colección de sombreros típicos de México. A Ángel Adrián le gusta hacer sombreros con diferentes diseños y colores. Un día, recibe un mensaje de Ana, la hermana de Diego en el que le dice que le gustan mucho sus sombreros y que está interesada en comprarle uno. ¿Qué puede hacer Ángel Adrián?

Este acepta venderle un sombrero y le envía un paquete con él por mensajería. Cuando recibe el paquete se pone muy contenta. ¡Ahora puede lucir un sombrero original y colorido de México!

Pero Ángel Adrián no le ha regalado el sombrero a Ana, le ha pedido que le pague una cantidad de dinero por él, también tiene que pagar otro dinero por el envío del paquete y por los impuestos que cobra el gobierno español por recibir productos de otros países. Todo esto hace que el sombrero le salga más caro que si lo hubiera comprado en una tienda de España, que por cierto no los venden.

¿Por qué ha decidido comprar el sombrero a Ángel Adrián y no en una tienda de España? Porque le ha ofrecido un sombrero único y artesanal que no se vende en las tiendas de España. Ana piensa que merece la pena pagar más por un sombrero exclusivo. Además, quiere apoyar el trabajo creativo del amigo de su hermano.

Esta es una forma de **exportación:** Ángel Adrián vende un producto a otro país porque le ofrece una oportunidad o un reconocimiento que no encuentra en el suyo propio y Ana compra su producto a otro país porque le ofrece una diferencia o un valor añadido.

11.3. PROTECCIONISMO Y LIBRE COMERCIO.

Lucía vive en Francia y le encanta el queso. Un día, decide comprar un queso gruyere que ha visto en una tienda de su barrio. El queso gruyere es un queso que se hace en Suiza, un país vecino de Francia, y que tiene unos agujeros característicos. Lucía piensa que tiene que estar muy rico y quiere probarlo.

Cuando va a pagar, se lleva una sorpresa, le sale demasiado caro porque que el gobierno francés ha puesto unos impuestos muy altos a los quesos que vienen de otros países. Estos impuestos se llaman aranceles y sirven para encarecer los productos extranjeros y desanimar a los consumidores a comprarlos. ¿Por qué lo hace?

Para proteger a los productores de queso franceses. Francia tiene una gran tradición de hacer quesos de muchos tipos y sabores. Los productores franceses se sienten orgullosos de su trabajo y quieren que en Francia se consuman sus quesos y no los de otros países, además, temen que, si los franceses compran quesos extranjeros, ellos pierdan clientes y dinero, por eso, piden al gobierno francés que ponga aranceles a los quesos extranjeros.

Esta es una forma de **proteccionismo**: el gobierno francés pone obstáculos al comercio con otros países para proteger su industria del queso y sus intereses económicos y culturales.

Ahora imagina que Diego vive en Argentina y le encanta el embutido. Un día, decide comprar un jamón de Vitigudino que ha visto en una tienda de su ciudad, el jamón es la pata trasera del cerdo curada y el de Vitigudino tiene fama mundial. ¡Diego está decidido a probarlo!

Cuando lo va a pagar, se lleva una alegría, le sale mucho más barato de lo que esperaba, resulta que el gobierno argentino ha eliminado los impuestos a los embutidos que vienen de otros países, estos impuestos se llaman aranceles y sirven para encarecer los productos extranjeros y desanimar a los consumidores a comprarlos. ¿Por qué ha hecho esto?

Para facilitar el comercio con otros países, Argentina tiene una gran tradición de hacer carnes y embutidos de muchos tipos y sabores. Los productores argentinos no se sienten amenazados por los embutidos extranjeros, sino que los ven como una oportunidad de aprender y mejorar, además, saben que si ellos venden sus embutidos a otros países sin aranceles, ganan más clientes y dinero, por eso, le piden al gobierno argentino que lleguen a un acuerdo con otros países y eliminen los aranceles al embutido.

Esta es una forma de **libre comercio**, el gobierno argentino elimina los obstáculos al comercio con otros países para fomentar la competencia y la cooperación entre los productores embutidos.

11.4. LA UNIÓN EUROPEA.

Ana vive en España y le encanta viajar. Un día, decide hacer un viaje por Europa con su familia, quiere conocer otros países, otras culturas y otras lenguas y tiene muchísimas ganas de ver monumentos famosos, probar comidas típicas y hacer amigos nuevos.

Cuando llegó al aeropuerto se sorprendió, no tenía que enseñar su pasaporte ni cambiar su dinero cuando viajaba a otros países de Europa, resulta que España forma parte de la Unión Europea, una organización que permite a sus ciudadanos viajar libremente por sus países miembros sin necesidad de pasaporte ni de moneda diferente, esta moneda se llama euro y se usa en 20 países de la Unión Europea. ¿Por qué hace esto?

Lo hace para facilitar el contacto y el intercambio entre los europeos y piensa que los europeos tienen mucho en común y que pueden aprender unos de otros, además si se conocen mejor y se respetan más, habrá menos conflictos y más colaboración entre ellos, por eso, la Unión Europea crea normas y políticas que benefician a todos sus países miembros.

Este es el espíritu de la Unión Europea, una organización

que reúne a países de Europa que comparten valores e intereses comunes y que promueve la paz, la democracia, los derechos humanos, la cooperación y el desarrollo en Europa y en el mundo.

11.5. LA GLOBALIZACIÓN.

Ángel Adrián vive en México y le encanta el fútbol. Un día, decide ver un partido de la Champions League, una competición de fútbol que reúne a los mejores equipos de Europa, quiere ver jugar a su ídolo, Vinicius, un futbolista brasileño que juega en el Real Madrid, un equipo español. Ángel Adrián se pone su camiseta del Real Madrid, si, la que le compró a su amigo Diego, y se sienta frente al televisor.

Cuando enciende la tele, se da cuenta de que no puede ver el partido en su canal habitual, los derechos de transmisión del partido los ha comprado una empresa china que ofrece el servicio por internet, por lo que le toca conectarse a una página web china y pagar con su tarjeta de crédito para poder ver el partido. ¿Por qué pasa esto?

Esto pasa porque el fútbol es un fenómeno globalizado, es un deporte que se practica y se sigue en todo el mundo. Los futbolistas pueden jugar en equipos de diferentes países y los aficionados pueden ver los partidos desde cualquier lugar del mundo, además, el fútbol mueve mucho dinero y muchas empresas quieren aprovecharse de ello, por ello, hay empresas que compran y venden los derechos de transmisión de los partidos a nivel internacional.

La **globalización** es un proceso que consiste en la integración e interdependencia de los países y las personas del mundo en diferentes ámbitos: económico, social, cultural, político y tecnológico.

ABOUT THE AUTHOR

Florencio Revesado Herrero

Nació en Salamanca en 1973. Pasó su infancia y juventud en Vitigudino (Salamanca). Desde 2005 reside en Doñinos de Salamanca. Es Licenciado en Administración y Dirección de Empresas y Diplomado en Ciencias Empresariales por la Universidad de Salamanca. Cuenta con una amplia experiencia laboral en el sector financiero e inmobiliario. Desde 2004 se dedica a la docencia y en estos momentos es profesor de Procesos de Gestión Administrativa en el "IES La Vaguada" de Zamora.

En el año 2009 obtuvo el primer premio del concurso "Premiamos tu Idea" organizado por la Consejería de Economía y Empleo de la Junta de Castilla y León, con un proyecto de alto valor añadido entre 135 candidaturas.

En el curso 2023, siendo profesor de economía en el "IESO Quercus", obtuvo el primer premio en el VII concurso de vídeos de educación tributaria: "Los tributos locales mejoran mi pueblo" organizado por la Diputación Provincial de Salamanca.

ABOUT THE AUTHOR

Raquel Rodríguez Rodríguez

Raquel Rodríguez Rodríguez es una profesional de la educación con una amplia formación académica y una dilatada experiencia docente. Nació en 1972 en Jerez de la Frontera y pasó su infancia y juventud en El Puerto de Santa María (Cádiz), donde desarrolló su interés por el mundo empresarial. Se trasladó a Salamanca para cursar estudios universitarios, obteniendo los títulos de Licenciada en Administración y Dirección de Empresas, Diplomada en Ciencias Empresariales y Diplomada en Relaciones Laborales. Desde el año 2000 se dedica a la docencia, impartiendo clases relacionadas con el mundo económico y empresarial en diferentes centros educativos.

Desde 2015 es Directora del IES Ramos del Manzano de Vitigudino, donde lidera un equipo de docentes comprometidos con la calidad educativa y la innovación pedagógica. Raquel Rodríguez Rodríguez es una persona dinámica, responsable y con capacidad de liderazgo, que busca la excelencia en su trabajo y el desarrollo integral de su alumnado.

www.ingramcontent.com/pod-product-compliance
Lightning Source LLC
Chambersburg PA
CBHW070011300526
45794CB00001B/281